中国农业统计资料

2013

中华人民共和国农业部　编

中国农业出版社

图书在版编目（CIP）数据

中国农业统计资料.2013/中华人民共和国农业部编.—北京：中国农业出版社，2014.10
ISBN 978-7-109-19711-4

Ⅰ.①中…　Ⅱ.①中…　Ⅲ.①农业统计-统计资料-中国-2013　Ⅳ.①F322-66

中国版本图书馆 CIP 数据核字（2014）第 245645 号

中国农业出版社出版
（北京市朝阳区麦子店街 18 号楼）
（邮政编码：100125）
（电子信箱：njcbzx@agri.org.cn）
责任编辑　吴洪钟

中国农业出版社印刷厂印刷　　新华书店北京发行所发行
2014 年 10 月第 1 版　2014 年 10 月北京第 1 次印刷

开本：720mm×960mm　1/16　　印张：13.25
字数：300 千字　　印数：1~1 500 册
定价：100.00 元

主　　编：陈晓华

副 主 编：张合成

编　　委：王小兵　王衍亮　何才文　胡乐鸣

王俊勋　杨振海　叶长江　刘明国

赵兴武　戴　军

编辑人员：蔡　萍　陈冬冬　强少杰　项　宇

孙少磊　辛国昌　李大鹏　胡玉玲

李春艳　袁晓初　张伟民　李建珠

杨　唯　梁　勇　毕　涛

编 者 说 明

一、《中国农业统计资料》是一本反映我国农业、农村经济的综合性统计资料工具书。为及时满足社会各界人士了解我国农业和农村经济发展情况的需要，《中国农业统计资料2013》收录了2013年度全国农村经济主要统计数据和种植业、畜牧业、饲料工业、渔业、乡镇企业、农垦、农机、农村能源、农村经营管理情况、农业自然灾害等资料，同时简要列出2000年以来的历史资料。

二、各类全国性数据未包括香港、澳门特别行政区和台湾省数据。

三、由于小数位调整而产生的数据计算差异未作机械调整。“…”表示数据不足本表最小单位数，“#”表示其中的主要项。

四、本书是系列图书，每年出版一本，公开发行。

目　录

一、综合

二、种植业

三、畜牧业

四、饲料工业

五、渔业

六、乡镇企业

七、农垦

八、农机

九、农村能源

十、农村经营管理情况

十一、农业自然灾害

一、综　　合

全国农村基层组织和农业基本情况（一）

项　　目	单　位	2000 年	2005 年	2010 年	2012 年	2013 年
农村基层组织						
乡镇个数	个	43 735	35 509	33 981	33 162	32 929
镇个数	个	19 692	18 888	19 410	19 881	20 117
村委会个数	个	743 715	640 139	594 658	588 407	589 067
乡村人口和从业人员						
乡村户数	万户	24 148.5	25 222.4	26 384.6	26 802.3	26 948.5
乡村人口数	万人	92 819.7	94 907.6	96 618.9	97 065.6	97 261.7
乡村从业人员数	万人	47 962.5	50 387.3	53 244.0	54 264.3	54 012.8
按性别分	万人					
男	万人	25 518.1	26 930.9	28 573.6	29 062.2	28 927.4
女	万人	22 444.4	23 456.6	24 670.4	25 201.1	25 085.4
按国民经济行业分	万人					
农业	万人	32 797.6	29 975.8	27 694.8	27 034.2	26 623.2
农民人均纯收入	**元**	**2 253.4**	**3 254.9**	**5 919.0**	**7 916.6**	**8 895.9**
耕地面积	**千公顷**					**121 716**
农作物总播种面积	**千公顷**	**156 423.6**	**155 487.2**	**160 674.8**	**163 415.7**	**164 626.9**
粮食作物	千公顷	108 462.7	104 278.5	109 876.1	111 204.6	111 955.6
谷物	千公顷	85 264.1	81 874.0	89 850.6	92 612.4	93 768.6
豆类	千公顷	12 660.1	12 901.5	11 275.7	9 709.4	9 223.6
薯类	千公顷	10 538.5	9 503.0	8 749.7	8 885.9	8 963.3
油料作物	千公顷	15 400.4	14 318.0	13 889.6	13 929.8	14 022.6
棉花	千公顷	4 041.2	5 061.9	4 848.7	4 688.1	4 345.6
麻类	千公顷	261.9	334.9	132.7	101.2	91.5
糖类	千公顷	1 514.3	1 564.5	1 905.0	2 030.4	1 998.3

注：1. 耕地面积为2008 年年底数据，来源于国土资源部。

2. 乡村人口数指乡村居民户数中的常住人口数，即经常在家或在家居住6 个月以上，而且经济和生活与本户连成一体的人口。

全国农村基层组织和农业基本情况（二）

项　目	单　位	2000 年	2005 年	2010 年	2012 年	2013 年
烟叶	千公顷	1 437.4	1 363.2	1 344.6	1 596.5	1 622.9
药材	千公顷	675.6	1 213.3	1 242.0	1 560.5	1 821.6
蔬菜	千公顷	15 236.5	17 720.7	18 999.9	20 352.6	20 899.4
瓜类	千公顷	2 044.7	2 207.8	2 389.4	2 408.2	2 455.4
其他作物	千公顷	7 349.1	7 424.4	6 046.8	5 543.7	5 414.0
茶园面积	**千公顷**	**1 089.1**	**1 352.1**	**1 970.2**	**2 279.9**	**2 468.8**
果园面积	**千公顷**	**8 931.8**	**10 035.2**	**11 543.9**	**12 139.9**	**12 371.4**
受灾面积	**千公顷**	**54 547.0**	**38 818.1**	**37 425.9**	**24 962.0**	**31 349.8**
成灾面积	**千公顷**	**34 298.0**	**19 966.1**	**18 538.1**	**11 475.0**	**14 303.1**
绝收面积	**千公顷**	**10 137.0**	**4 597.4**	**4 863.2**	**1 826.0**	**3 844.4**
农林牧渔业总产值	**亿元**	**24 915.8**	**39 450.9**	**69 319.8**	**89 453.0**	**96 995.3**
农业	亿元	13 873.6	19 613.4	36 941.1	46 940.5	51 497.4
林业	亿元	936.5	1 425.5	2 595.5	3 447.1	3 902.4
牧业	亿元	7 393.1	13 310.8	20 825.7	27 189.4	28 435.5
渔业	亿元	2 712.6	4 016.1	6 422.4	8 706.0	9 634.6
农林牧渔业增加值	**亿元**	**14 628.2**	**23 070.4**	**40 533.6**	**52 373.6**	**56 966.0**
农业	亿元	8 703.6	12 758.5	23 684.5	30 216.1	33 147.2
林业	亿元	662.3	975.5	1 744.2	2 281.3	2 569.3
牧业	亿元	3 638.5	6 506.9	10 022.1	13 128.4	13 762.8
渔业	亿元	1 623.8	2 327.2	3 903.8	5 266.9	5 842.5
主要农作物产量						
粮食作物	万吨	46 217.5	48 402.4	54 647.7	58 958.0	60 193.8
谷物	万吨	40 522.3	42 776.5	49 637.1	53 934.7	55 269.2
豆类	万吨	2 009.9	2 157.9	1 896.5	1 730.5	1 595.3
薯类（折粮）	万吨	3 685.4	3 468.0	3 114.1	3 292.8	3 329.3
油料	万吨	2 954.8	3 077.1	3 230.1	3 436.8	3 517.0
棉花	万吨	441.7	571.4	596.1	683.6	629.9
麻类	万吨	52.9	110.5	31.7	26.1	22.9
糖类	万吨	7 635.3	9 451.9	12 008.5	13 485.4	13 746.1
茶叶	万吨	68.3	93.5	147.5	179.0	192.4

注：产值按当年价格计算。2003 年起执行新国民经济行业分类标准，总产值包括农林牧渔服务业产值。

全国农村基层组织和农业基本情况（三）

项　　目	单　位	2000 年	2005 年	2010 年	2012 年	2013 年
水果	万吨	6 225.1	8 835.5	12 865.2	15 104.4	15 771.3
烟叶	万吨	255.2	268.3	273.1	340.7	337.4
蔬菜	万吨	42 399.7	56 451.5	65 099.4	70 883.1	73 512.0
瓜类	万吨	5 887.9	7 284.6	8 536.2	8 952.4	9 321.8
肉类产量	**万吨**	**6 125.4**	**7 743.1**	**7 925.8**	**8 387.2**	**8 535.0**
猪肉	万吨	4 031.4	5 010.6	5 071.2	5 342.7	5 493.0
牛肉	万吨	532.8	711.5	653.1	662.3	673.2
羊肉	万吨	274.0	435.5	398.9	401.0	408.1
禽肉	万吨	1 207.5	1 464.3		1 822.6	1 798.4
奶类	万吨	919.1	2 864.8	3 748.0	3 875.4	3 649.5
牛奶	万吨	827.4	2 753.4	3 575.6	3 743.6	3 531.4
蜂蜜	万吨	24.6	29.3	40.1	44.8	45.0
禽蛋	万吨	2 243.3	2 879.5	2 762.7	2 861.2	2 876.1
山羊毛	万吨	3.3	3.7	4.3	4.4	4.2
绵羊毛	万吨	29.3	39.3	38.7	40.0	41.1
蚕茧	万吨	54.8	78.0	87.3	90.6	89.2
水产品产量	**万吨**	**3 706.2**	**4 420.0**	**5 373.0**	**5 907.7**	**6 172.0**
海水产品	万吨			2 797.5	3 033.3	3 138.8
淡水产品	万吨			2 575.5	2 874.3	3 033.2
养殖产品	万吨			3 828.8	4 288.4	4 541.7
鱼类	万吨			2 145.0	2 437.0	2 594.1
甲壳类	万吨			319.9	359.3	377.0
贝类	万吨			1 133.3	1 234.3	1 298.4
藻类	万吨			155.1	177.3	186.5
其他类	万吨			75.5	80.6	85.7
捕捞产品	万吨			1 544.2	1 619.3	1 630.3
鱼类	万吨			987.0	1 039.4	1 037.9
甲壳类	万吨			238.7	255.1	262.6
贝类	万吨			90.9	84.4	82.0
藻类	万吨			2.5	2.6	2.8
头足类	万吨			65.8	69.9	66.4
其他类	万吨			47.7	45.6	43.4

注：水产品产量为调整后数据；2000 年、2005 年其他数据未列入。

全国农村基础设施和农业主要物资消耗

项　目	单　位	2000年	2005年	2012年	2013年
农村基础设施					
自来水受益村数	个	43 735	356 953	450 565	460 729
通汽车村数	个	19 692	617 609	594 066	584 590
通电话村数	个	743 715	606 549	592 687	583 164
乡村办水电站数	个	29 962	26 726	45 799	46 849
装机容量	万千瓦	698.5	1 099.5	6 568.6	7 119.0
发电量	亿千瓦时	205.0	348.4	2 172.9	2 232.7
农业机械拥有量					
农业机械总动力	万千瓦	52 316.8	68 549.3	102 559.0	103 906.8
大中型拖拉机	万台	97.0	139.6	485.2	527.0
大中型拖拉机动力	万千瓦	3 143.2	4 315.7	14 436.4	15 957.6
小型拖拉机	万台	1 276.7	1 539.8	1 797.2	1 752.3
小型拖拉机动力	万千瓦	11 783.9	14 796.2	17 467.4	17 065.7
大中型拖拉机配套农具	万部	139.9	226.7	763.5	826.6
小型拖拉机配套农具	万部	1 797.8	2 479.7	3 080.6	3 049.2
农用排灌动力机械	万台	1 483.4	1 752.7	2 280.6	2258.0
农用排灌机械动力	万千瓦	10 262.1	11 770.9	14 724.0	14 330.6
联合收获机数量	万台	26.5	47.7	127.9	142.1
农用运输车数量	万台	779.5	1 199.4	1 396.2	1 385.6
农业主要能源及物资消耗					
农村用电量	亿千瓦时	2 421.3	4 375.7	8 104.9	8 549.5
农用柴油使用量	万吨	1 405.0	1 902.8	2 107.6	2 154.9
农用塑料薄膜使用量	万吨	133.5	176.2	238.3	249.3
地膜使用量	万吨	72.2	95.9	131.1	136.2
地膜覆盖面积	千公顷	10 624.8	13 518.4	17 582.5	17 657.0
农药使用量	万吨	128.0	146.0	180.6	180.2
农用化肥施用量（按折纯法计算）	万吨	4 146.3	4 766.2	5 838.8	5 911.9
氮肥	万吨	2 161.6	2 229.7	2 399.9	2 394.2
磷肥	万吨	690.5	743.8	828.6	830.6
钾肥	万吨	376.6	489.8	617.7	627.4
复合肥	万吨	917.7	1 303.6	1 990.0	2 057.5
农田水利建设					
有效灌溉面积	千公顷	53 820.5	55 029.4	63 036.4	63 473.3
旱涝保收面积	千公顷	38 336.4	40 236.7	43 848.7	
机电排灌面积	千公顷	35 954.3	36 715.6	42 491.4	

各地区农民人均纯收入

单位：元

地区	人均纯收入					2013年比2012年增加
	2000年	2005年	2007年	2012年	2013年	
全国人均	**2 253.4**	**3 254.9**	**5 919.0**	**7 916.6**	**8 895.9**	**979.3**
北京	4 604.6	7 346.3	13 262.3	16 475.7	18 337.5	1 861.8
天津	3 622.4	5 579.9	10 074.9	14 025.5	15 841.0	1 815.5
河北	2 478.9	3 481.6	5 958.0	8 081.4	9 101.9	1 020.5
山西	1 905.6	2 890.7	4 736.3	6 365.6	7153.5	787.9
内蒙古	2 038.2	2 988.9	5 529.6	7 611.3	8 595.7	984.4
辽宁	2 355.6	3 690.2	6 907.9	9 383.7	10 522.7	1 139.0
吉林	2 022.5	3 264.0	6 237.4	8 598.2	9 621.2	1 023.0
黑龙江	2 148.2	3 221.3	6 210.7	8 603.9	9 634.1	1 030.2
上海	5 596.4	8 247.8	13 978.0	17 803.7	19 595.0	1 791.3
江苏	3 595.1	5 276.3	9 118.2	12 202.0	13 597.8	1 395.8
浙江	4 253.7	6 660.0	11 302.6	14 551.9	16 106.0	1 554.1
安徽	1 934.6	2 641.0	5 285.2	7 160.5	8 097.9	937.4
福建	3 230.5	4 450.4	7 426.9	9 967.2	11 184.2	1 217.0
江西	2 135.3	3 128.9	5 788.6	7 827.8	8 781.5	953.7
山东	2 659.2	3 930.5	6 990.3	9 446.5	10 619.9	1 173.4
河南	1 985.8	2 870.6	5 523.7	7 524.9	8475.3	950.4
湖北	2 268.6	3 099.2	5 832.3	7 851.7	8867.0	1 015.3
湖南	2 197.2	3 117.7	5 622.0	7 440.2	8372.1	931.9
广东	3 654.5	4 690.5	7 890.3	10 542.8	11669.3	1 126.5
广西	1 864.5	2 494.7	4 543.4	6 007.6	6 790.9	783.3
海南	2 182.3	3 004.0	5 275.4	7 408.0	8 342.6	934.6
重庆	1 892.4	2 809.3	5 276.7	7 383.3	8 332.0	948.7
四川	1 903.6	2 802.8	5 086.9	7 001.4	7 895.3	893.9
贵州	1 374.2	1 877.0	3 471.9	4 753.0	5 434.0	681.0
云南	1 478.6	2 041.8	3 952.0	5 416.5	6 141.3	724.8
西藏	1 330.8	2 077.9	4 138.7	5 719.4	6 578.2	858.8
陕西	1 443.9	2 052.6	4 105.0	5 762.5	6 502.6	740.1
甘肃	1 428.7	1 979.9	3 424.7	4 506.7	5 107.8	601.1
青海	1 490.5	2 151.5	3 862.7	5 364.4	6 196.2	831.8
宁夏	1 724.3	2 508.9	4 674.9	6 180.3	6 931.0	750.7
新疆	1 618.1	2 482.2	4 642.7	6 393.7	7 296.5	902.8

各地区农林牧渔业总产值

单位：亿元

地　区	总产值	农　业	林　业	牧　业	渔　业
全国总计	**96 995.3**	**51 497.4**	**3 902.4**	**28 435.5**	**9 634.6**
北　京	421.8	170.4	75.9	154.8	12.8
天　津	412.4	217.2	3.1	108.6	73.2
河　北	5 832.9	3 473.3	96.3	1 818.2	178.7
山　西	1 447.0	932.1	90.1	338.8	9.5
内蒙古	2 699.5	1 328.1	96.1	1 208.5	29.0
辽　宁	4 349.7	1 673.9	136.5	1 675.4	689.3
吉　林	2 670.6	1 261.7	98.1	1 198.5	36.7
黑龙江	4 633.3	2 856.3	180.6	1 430.1	82.5
上　海	323.5	172.3	9.6	70.0	59.9
江　苏	6 158.0	3 167.8	107.3	1 222.2	1 351.1
浙　江	2 837.4	1 336.8	141.5	546.2	758.0
安　徽	4 009.2	2 003.3	233.1	1 171.4	439.1
福　建	3 282.0	1 376.3	293.8	513.8	986.3
江　西	2 578.4	1 072.8	252.7	796.4	370.2
山　东	8 750.0	4 509.9	120.3	2 359.0	1 397.4
河　南	7 198.1	4 202.3	152.3	2 486.3	93.5
湖　北	5 160.6	2 678.1	122.0	1 395.4	748.4
湖　南	5 043.6	2 726.8	287.7	1 467.4	309.9
广　东	4 946.8	2 444.7	249.4	1 106.9	975.3
广　西	3 755.2	1 868.3	287.6	1 101.2	366.7
海　南	1 144.9	485.4	121.2	225.5	275.5
重　庆	1 513.7	909.2	48.0	482.8	53.8
四　川	5 620.3	2 903.5	179.4	2 267.6	177.5
贵　州	1 663.0	997.1	69.6	482.7	38.3
云　南	3 056.0	1 639.4	293.3	962.6	70.4
西　藏	128.0	57.9	2.7	64.2	0.2
陕　西	2 562.5	1 714.8	67.6	643.7	17.8
甘　肃	1 517.7	1 104.5	22.5	253.4	2.0
青　海	310.3	138.3	5.7	160.1	1.3
宁　夏	430.0	269.0	9.8	120.0	13.2
新　疆	2 538.9	1 806.1	48.1	604.2	17.2

注：产值按当年价格计算。2003 年起执行新国民经济行业分类标准，总产值包括农林牧渔服务业产值。

各地区农林牧渔业增加值

单位：亿元

地　　区	增加值	农　业	林　业	牧　业	渔　业
全国总计	**56 966.0**	**33 147.2**	**2 569.3**	**13 762.8**	**5 842.5**
北　　京	161.8	77.9	33.0	44.3	4.5
天　　津	188.5	105.1	1.8	45.3	34.8
河　　北	3 500.4	2 348.8	68.9	858.6	105.6
山　　西	776.6	529.1	37.1	169.5	5.3
内 蒙 古	1 598.2	864.8	66.2	625.5	19.2
辽　　宁	2 321.6	1 011.2	79.8	677.0	448.2
吉　　林	1 509.3	835.1	61.4	547.7	22.5
黑 龙 江	2 516.8	1 823.3	83.6	536.3	30.9
上　　海	129.3	75.0	3.0	24.0	22.9
江　　苏	3 646.1	2 182.7	59.9	489.1	738.2
浙　　江	1 787.2	965.4	103.3	247.4	444.2
安　　徽	2 348.1	1 235.4	162.4	579.9	289.4
福　　建	1 939.0	867.4	188.9	267.8	550.2
江　　西	1 636.5	714.8	195.9	418.8	259.0
山　　东	4 742.6	2 649.0	84.7	975.1	857.1
河　　南	4 059.0	2 458.1	91.9	1 359.6	63.1
湖　　北	3 098.2	1 710.3	58.1	799.3	462.6
湖　　南	3 099.2	1 909.6	212.8	666.2	201.7
广　　东	3 047.5	1 706.1	185.9	502.1	583.1
广　　西	2 343.6	1 285.6	215.7	540.7	248.6
海　　南	756.3	315.3	82.1	133.2	205.4
重　　庆	1 016.7	678.7	35.1	247.0	42.0
四　　川	3 425.6	2 011.5	123.3	1 121.3	112.5
贵　　州	1 031.7	646.1	47.7	280.7	24.0
云　　南	1 895.2	1 098.4	199.4	520.7	42.2
西　　藏	86.8	37.9	1.7	45.0	0.1
陕　　西	1 526.0	1 060.7	43.0	347.2	10.1
甘　　肃	879.9	657.8	10.6	174.9	1.4
青　　海	207.6	81.8	3.6	118.3	1.0
宁　　夏	222.3	151.5	3.5	50.7	5.1
新　　疆	1 468.3	1 052.6	25.2	349.7	7.3

各地区粮、棉、油、糖播种面积占全国比重及位次

单位:%

地区	粮食		棉花		油料		糖料	
	比重	位次	比重	位次	比重	位次	比重	位次
全国总计	**100.00**		**100.00**		**100.00**		**100.00**	
北京	0.14	31			0.02	30		
天津	0.30	27	0.90	11	0.01	31		
河北	5.64	6	11.11	3	3.35	11	0.82	9
山西	2.92	14	0.54	13	1.00	23	0.23	18
内蒙古	5.02	7	0.02	20	5.79	5	2.29	6
辽宁	2.88	15	0.01	21	2.53	14	0.17	20
吉林	4.28	10	0.07	16	1.97	18	0.11	22
黑龙江	10.33	1			0.70	25	1.93	7
上海	0.15	30	0.05	18	0.05	29	0.01	24
江苏	4.79	8	3.57	8	3.70	10	0.08	23
浙江	1.12	23	0.45	14	1.31	21	0.52	13
安徽	5.92	4	6.56	5	5.72	6	0.25	16
福建	1.07	24			0.82	24	0.48	14
江西	3.30	13	1.95	9	5.30	8	0.72	10
山东	6.52	3	15.48	2	5.67	7		
河南	9.01	2	4.30	6	11.34	1	0.20	19
湖北	3.80	12	9.56	4	10.82	2	0.38	15
湖南	4.41	9	3.67	7	9.86	3	0.71	11
广东	2.24	20			2.57	12	8.66	3
广西	2.75	18	0.05	17	1.58	19	56.30	1
海南	0.38	26			0.29	27	3.22	5
重庆	2.01	21			2.02	17	0.15	21
四川	5.78	5	0.32	15	9.02	4	0.71	12
贵州	2.79	16	0.04	19	4.00	9	1.40	8
云南	4.02	11			2.55	13	17.13	2
西藏	0.16	29			0.18	28		
陕西	2.77	17	0.84	12	2.13	16		
甘肃	2.55	19	0.94	10	2.40	15	0.25	17
青海	0.25	28			1.13	22		
宁夏	0.72	25			0.59	26		
新疆	2.00	22	39.54	1	1.58	20	3.30	4

各地区粮、棉、油、糖产量占全国比重及位次

单位：%

地　　区	粮　食		棉　花		油　料		糖　料		每公顷产量位次			
	比重	位次	比重	位次	比重	位次	比重	位次	粮食	棉花	油料	糖料
全国总计	**100.00**		**100.00**		**100.00**		**100.00**					
北　　京	0.16	31			0.03	30			7	16	8	
天　　津	0.29	27	0.77	12	0.02	31			16	14	3	
河　　北	5.59	7	7.25	4	4.30	8	0.54	9	15	19	4	16
山　　西	2.18	18	0.49	13	0.55	24	0.16	18	27	12	31	14
内 蒙 古	4.61	10	0.02	19	4.50	7	1.32	6	23	9	25	20
辽　　宁	3.65	12	0.02	20	3.23	11	0.12	20	2	4	5	12
吉　　林	5.90	4	0.09	16	2.39	14	0.05	23	1	5	6	25
黑 龙 江	9.97	1			0.54	25	0.90	8	19		24	24
上　　海	0.19	28	0.06	17	0.04	29			3	2	18	15
江　　苏	5.69	5	3.32	6	4.28	9	0.07	22	4	11	7	9
浙　　江	1.22	23	0.44	14	1.07	21	0.46	12	10	10	20	7
安　　徽	5.45	8	3.99	5	6.41	5	0.15	19	21	22	9	19
福　　建	1.10	24			0.82	23	0.43	13	13	23	15	8
江　　西	3.52	13	2.08	9	3.39	10	0.47	11	11	8	30	17
山　　东	7.52	3	9.86	2	9.94	2			5	21	1	27
河　　南	9.49	2	3.01	8	16.75	1	0.21	16	12	18	2	4
湖　　北	4.16	11	7.30	3	9.47	3	0.21	15	9	15	17	21
湖　　南	4.86	9	3.14	7	6.38	6	0.54	10	8	13	29	11
广　　东	2.19	17			2.87	12	11.30	3	17		10	1
广　　西	2.53	15	0.04	18	1.63	19	58.96	1	22	17	14	3
海　　南	0.32	26			0.31	27	3.21	5	25		12	5
重　　庆	1.91	20			1.51	20	0.08	21	20	24	26	22
四　　川	5.63	6	0.21	15	8.26	4	0.42	14	18	20	16	18
贵　　州	1.71	22	0.02	21	2.60	13	1.16	7	31	25	28	10
云　　南	3.03	14	0.01	22	1.73	16	15.61	2	26	3	27	6
西　　藏	0.16	30			0.18	28			14		13	
陕　　西	2.02	19	0.92	11	1.69	18			29	7	23	23
甘　　肃	1.89	21	1.12	10	1.98	15	0.18	17	28	6	19	13
青　　海	0.17	29			0.93	22			30		21	26
宁　　夏	0.62	25			0.48	26			24		22	
新　　疆	2.29	16	55.84	1	1.72	17	3.47	4	6	1	11	2

各地区肉、蛋、奶、水产品产量占全国比重及位次

单位:%

地区	肉		蛋		奶		水产品	
	比重	位次	比重	位次	比重	位次	比重	位次
全国总计	**100.00**		**100.00**		**100.00**		**100.00**	
北京	0.49	27	0.61	24	1.68	13	0.10	27
天津	0.54	26	0.66	23	1.88	12	0.65	18
河北	5.26	5	12.03	3	12.76	3	1.99	14
山西	0.97	24	2.78	12	2.39	10	0.07	28
内蒙古	2.87	15	1.92	14	21.33	1	0.23	24
辽宁	4.92	8	9.62	4	3.45	8	8.18	6
吉林	3.08	14	3.40	10	1.32	16	0.30	21
黑龙江	2.59	16	3.57	9	14.32	2	0.79	16
上海	0.28	31	0.20	28	0.73	20	0.47	20
江苏	4.49	11	6.88	5	1.64	14	8.25	5
浙江	2.04	20	1.50	16	0.50	22	8.92	4
安徽	4.73	10	4.33	8	0.69	21	3.49	11
福建	2.47	17	0.87	20	0.42	24	10.67	3
江西	3.77	13	1.60	15	0.34	26	3.93	9
山东	9.08	1	13.78	2	7.71	5	13.99	1
河南	8.19	2	14.26	1	9.01	4	1.38	15
湖北	5.04	7	5.04	7	0.43	23	6.65	7
湖南	6.08	4	3.32	11	0.24	28	3.79	10
广东	5.10	6	1.12	18	0.39	25	13.22	2
广西	4.92	9	0.79	22	0.26	27	5.17	8
海南	0.97	25	0.13	29	0.01	31	2.97	12
重庆	2.44	18	1.43	17	0.19	29	0.62	19
四川	8.09	3	5.05	6	1.95	11	2.04	13
贵州	2.34	19	0.54	25	0.15	30	0.27	22
云南	4.21	12	0.81	21	1.62	15	0.79	17
西藏	0.31	30	0.02	31	0.90	18	…	31
陕西	1.32	22	1.93	13	5.17	6	0.20	26
甘肃	1.07	23	0.50	26	1.07	17	0.02	29
青海	0.37	28	0.08	30	0.79	19	0.01	30
宁夏	0.32	29	0.26	27	2.85	9	0.23	23
新疆	1.63	21	0.98	19	3.81	7	0.21	25

各地区人均主要农产品占有量

单位：千克

地区	粮食	棉花	油料	糖料	肉	蛋	奶	水产品
全国人均	**443.5**	**4.6**	**25.9**	**101.3**	**62.9**	**21.2**	**26.9**	**45.5**
北京	45.9	…	0.5		20.0	8.4	29.4	3.0
天津	121.1	3.4	0.4		32.2	13.1	47.5	27.6
河北	460.3	6.2	20.7	10.2	61.4	47.3	63.7	16.8
山西	362.6	0.8	5.4	6.2	23.0	22.1	24.1	1.3
内蒙古	1 112.0	0.1	63.4	72.7	98.2	22.1	312.2	5.7
辽宁	500.2	…	25.9	3.9	95.7	63.1	28.6	115.1
吉林	1 290.9	0.2	30.5	2.3	95.5	35.5	17.6	6.8
黑龙江	1 565.8		5.0	32.1	57.7	26.8	136.3	12.7
上海	47.6	0.2	0.6	0.3	9.9	2.4	11.1	12.0
江苏	431.7	2.6	19.0	1.2	48.3	25.0	7.6	64.2
浙江	133.7	0.5	6.9	11.6	31.8	7.9	3.3	100.4
安徽	545.8	4.2	37.5	3.4	67.2	20.7	4.2	35.9
福建	176.6	…	7.7	15.6	56.2	6.7	4.1	175.1
江西	468.9	2.9	26.4	14.3	73.0	10.5	2.8	55.0
山东	466.4	6.4	36.0	…	79.8	40.8	29.0	88.9
河南	607.2	2.0	62.6	3.0	74.3	43.6	34.9	9.0
湖北	432.1	7.9	57.6	5.0	74.3	25.1	2.7	70.9
湖南	439.0	3.0	33.7	11.1	77.9	14.3	1.3	35.1
广东	123.9		9.5	146.3	41.0	3.0	1.3	76.9
广西	323.8	0.1	12.2	1 724.1	89.4	4.8	2.0	67.9
海南	214.3		12.3	494.7	93.0	4.3	0.3	205.5
重庆	388.2	…	18.0	3.7	70.3	13.9	2.3	13.0
四川	418.6	0.2	35.9	7.1	85.3	17.9	8.8	15.6
贵州	294.9	…	26.2	45.6	57.2	4.4	1.6	4.8
云南	390.3	…	13.0	459.3	76.9	5.0	12.7	10.4
西藏	310.3		20.6		86.5	1.5	106.4	0.1
陕西	323.5	1.5	15.8	…	29.9	14.7	50.2	3.3
甘肃	441.5	2.7	27.0	9.6	35.3	5.6	15.2	0.5
青海	177.9		56.6	…	55.3	3.9	49.9	1.0
宁夏	573.9	…	25.8		42.1	11.4	160.2	22.3
新疆	612.4	156.4	27.0	211.9	62.0	12.5	61.9	5.9

二、种 植 业

全国主要农作物播种面积和产量增减情况（一）

指　　标	播种面积（千公顷）	总产量（万吨）	每公顷产　量（千克）	比上年增减绝对量		
				播种面积（千公顷）	总产量（万吨）	每公顷产　量（千克）
农作物播种面积	**164 626.9**			**1 211.3**		
粮食作物	**111 955.6**	**60 193.8**	**5 377**	**751.0**	**1 235.9**	**75**
夏收粮食	27 588.1	13 184.8	4 779	-1.0	191.1	69
秋收粮食	78563.0	43595.5	5 549	712.4	960.4	73
谷物	93 768.6	55 269.2	5 894	1 156.2	1 334.5	71
稻谷	30 311.7	20 361.2	6 717	174.6	-62.4	-60
早稻	5 804.4	3 413.5	5 881	39.5	84.4	106
中稻和一季晚稻	18 186.3	13 297.6	7 312	167.6	-59.2	-101
双季晚稻	6 321.0	3 650.1	5 774	-32.4	-87.6	-108
小麦	24 117.3	12 192.6	5 056	-151.0	90.3	69
冬小麦	22 552.6	11 585.3	5 137	-49.9	131.3	69
春小麦	1 564.7	607.3	3 881	-101.1	-41.1	-11
玉米	36 318.4	21 848.9	6 016	1 288.6	1 287.5	146
谷子	715.7	174.6	2 440	-20.2	-5.0	
高粱	582.3	289.2	4 965	-40.8	34.1	864
其他谷物	1 723.2	402.7	2 337	-91.7	-9.6	65
大麦	465.5	169.9	3 650	-24.4	7.4	332
豆类	9 223.6	1 595.3	1 730	-485.9	-135.3	-53
大豆	6 790.5	1 195.1	1 760	-381.2	-109.9	-60
绿豆	632.9	75.3	1 191	-61.6	-11.3	-57
红小豆	164.1	27.4	1 672	9.8	0.1	-102
薯类（折粮）	8 963.3	3 329.3	3 714	77.4	36.6	9
马铃薯	5 614.6	1 918.8	3 418	82.7	63.6	64

全国主要农作物播种面积和产量增减情况（二）

指　　标	播种面积（千公顷）	总产量（万吨）	每公顷产　量（千克）	比上年增减绝对量		
				播种面积（千公顷）	总产量（万吨）	每公顷产　量（千克）
油料作物	**14 022.6**	**3 517.0**	**2 508**	**92.8**	**80.2**	**41**
花生	4 633.0	1 697.2	3 663	-5.5	28.1	65
油菜籽	7 531.0	1 445.8	1 920	99.1	45.1	35
芝麻	418.5	62.3	1 490	-18.5	-1.6	27
胡麻籽	312.9	39.9	1 275	-5.0	0.8	46
向日葵籽	923.4	242.3	2 624	34.9	10.1	10
棉花	**4 345.6**	**629.9**	**1 449**	**-342.5**	**-53.7**	**-9**
麻类	**91.5**	**22.9**	**2 507**	**-9.7**	**-3.2**	**-74**
黄红麻	17.1	6.1	3 581	-0.5	-0.7	-318
苎麻	62.8	12.0	1 909	-6.2	-1.0	20
大麻（线麻）	6.5	1.9	2 863	1.3	0.4	111
亚麻	4.7	2.4	5 103	-2.2	-1.4	-421
糖料	**1 998.3**	**13 746.1**	**68 788**	**-32.1**	**260.7**	**2 371**
甘蔗	1 816.5	12 820.1	70 576	21.8	508.7	1 976
甜菜	181.8	926.0	50 922	-53.9	-248.1	1 130
烟叶	**1 622.9**	**337.4**	**2 079**	**26.3**	**-3.3**	**-55**
烤烟	1 526.9	314.9	2 062	46.4	2.2	-50
药材类	**1 821.6**			**261.2**		
蔬菜瓜果类	**23 354.8**	**82 833.8**	**35 468**	**594.0**	**2 998.3**	**392**
蔬菜类（含菜用瓜）	20 899.4	73 512.0	35 174	546.9	2 628.9	347
瓜果类（含果用瓜）	2 455.4	9 321.8	37 965	47.2	369.4	790
西瓜	1 828.2	7 294.4	39 898	26.7	223.1	647
甜瓜	423.1	1 433.7	33 889	12.7	102.1	1 441
草莓	109.9	299.8	27 265	9.4	23.7	-196
其他农作物	**5 414.0**			**-129.8**		
青饲料	2 101.3			40.5		

各地区农作物总播种面积增减情况

单位：千公顷

地区	2013年	2012年	2013年比2012年增减	
			绝对量	%
全国总计	**164 626.9**	**163 415.7**	**1 211.3**	**0.74**
北京	242.5	282.7	-40.3	-14.24
天津	473.5	479.0	-5.5	-1.14
河北	8 749.2	8 781.8	-32.6	-0.37
山西	3 782.4	3 808.1	-25.7	-0.67
内蒙古	7 211.2	7 154.0	57.2	0.80
辽宁	4 208.8	4 210.6	-1.8	-0.04
吉林	5 413.1	5 315.1	97.9	1.84
黑龙江	12 200.8	12 237.0	-36.2	-0.30
上海	377.3	387.9	-10.6	-2.73
江苏	7 683.6	7 651.6	32.1	0.42
浙江	2 311.9	2 324.2	-12.2	-0.53
安徽	8 945.6	8 969.6	-24.0	-0.27
福建	2 292.2	2 263.1	29.1	1.29
江西	5 552.6	5 524.9	27.7	0.50
山东	10 976.4	10 867.0	109.5	1.01
河南	14 323.5	14 262.2	61.4	0.43
湖北	8 106.2	8 078.9	27.3	0.34
湖南	8 650.0	8 511.9	138.1	1.62
广东	4 698.1	4 629.6	68.5	1.48
广西	6 137.2	6 082.6	54.6	0.90
海南	848.2	854.6	-6.4	-0.75
重庆	3 515.9	3 477.7	38.2	1.10
四川	9 682.2	9 657.0	25.2	0.26
贵州	5 390.1	5 182.9	207.3	4.00
云南	7 148.2	6 920.4	227.7	3.29
西藏	248.6	244.0	4.6	1.89
陕西	4 269.0	4 238.3	30.7	0.72
甘肃	4 155.9	4 099.8	56.1	1.37
青海	555.8	554.2	1.6	0.28
宁夏	1 264.7	1 241.2	23.5	1.89
新疆	5 212.3	5 123.9	88.4	1.72

各地区粮食作物播种面积和产量

地区	播种面积（千公顷）	总产量（万吨）	每公顷产量（千克）	比上年增减		
				播种面积（千公顷）	总产量	
					绝对量（万吨）	%
全国总计	**111 955.6**	**60 193.8**	**5 377**	**751.0**	**1 235.9**	**2.10**
北京	158.9	96.1	6 049	-35.0	-17.6	-15.51
天津	332.8	174.7	5 250	9.9	13.0	8.01
河北	6 315.9	3 365.0	5 328	13.5	118.4	3.65
山西	3 274.3	1 312.8	4 009	-17.2	38.7	3.04
内蒙古	5 617.3	2 773.0	4 937	27.9	244.5	9.67
辽宁	3 226.4	2 195.6	6 805	9.1	125.1	6.04
吉林	4 789.9	3 551.0	7 414	179.6	208.0	6.22
黑龙江	11 564.4	6 004.1	5 192	44.8	242.6	4.21
上海	168.5	114.2	6 774	-19.1	-8.2	-6.73
江苏	5 360.8	3 423.0	6 385	24.2	50.5	1.50
浙江	1 253.7	734.0	5 854	2.2	-35.8	-4.66
安徽	6 625.3	3 279.6	4 950	3.3	-9.5	-0.29
福建	1 202.1	664.4	5 527	0.9	5.1	0.77
江西	3 690.9	2 116.1	5 733	14.9	31.3	1.50
山东	7 294.6	4 528.2	6 208	92.3	16.8	0.37
河南	10 081.8	5 713.7	5 667	96.7	75.1	1.33
湖北	4 258.4	2 501.3	5 874	78.3	59.5	2.44
湖南	4 936.6	2 925.7	5 927	28.5	-80.8	-2.69
广东	2 507.6	1 315.9	5 248	-32.6	-80.4	-5.76
广西	3 076.0	1 521.8	4 947	6.9	36.9	2.49
海南	421.8	190.9	4 526	-16.8	-8.6	-4.31
重庆	2 253.9	1 148.1	5 094	-5.7	9.6	0.84
四川	6 469.9	3 387.1	5 235	1.7	72.1	2.17
贵州	3 118.4	1 030.0	3 303	64.1	-49.5	-4.59
云南	4 499.4	1 824.0	4 054	99.8	74.9	4.28
西藏	175.9	96.2	5 467	5.0	1.3	1.33
陕西	3 105.1	1 215.8	3 915	-22.4	-29.3	-2.35
甘肃	2 858.7	1 138.9	3 984	19.3	29.2	2.63
青海	280.0	102.4	3 656	-0.2	0.9	0.86
宁夏	801.6	373.4	4 658	-26.7	-1.6	-0.43
新疆	2 234.8	1 377.0	6 162	103.6	104.0	8.17

各地区夏粮作物播种面积和产量

地区	播种面积（千公顷）	总产量（万吨）	每公顷产量（千克）	比上年增减		
				播种面积（千公顷）	总产量	
					绝对量（万吨）	%
全国总计	**27 588.1**	**13 184.8**	**4 779**	**-1.0**	**191.1**	**1.47**
北　京	36.2	18.7	5 170	-16.0	-8.7	-31.74
天　津	110.4	57.3	5 189	-2.7	1.5	2.73
河　北	2 407.1	1 402.4	5 826	-37.6	49.3	3.64
山　西	690.7	231.7	3 355	-18.4	-29.4	-11.26
内蒙古						
辽　宁	60.9	31.5	5 172	-2.9	0.6	1.94
吉　林						
黑龙江						
上　海	59.0	23.3	3 942	-14.7	-5.7	-19.79
江　苏	2 386.5	1 195.8	5 011	9.3	52.3	4.57
浙　江	180.5	63.9	3 542	2.6	1.4	2.30
安　徽	2 473.3	1 338.5	5 412	14.7	37.0	2.84
福　建	89.8	35.5	3 949	1.3	1.2	3.49
江　西	62.4	9.5	1 522	0.5	0.3	3.49
山　东	3 674.3	2 219.4	6 040	47.4	39.5	1.81
河　南	5 393.3	3 235.2	5 999	26.7	49.2	1.54
湖　北	1 392.9	501.0	3 597	44.4	53.6	11.97
湖　南	194.5	60.1	3 090	6.6	2.6	4.52
广　东	230.0	107.9	4 691	-1.6	0.2	0.15
广　西	108.2	36.0	3 326	12.7	7.0	24.14
海　南	72.6	29.8	4 111	-0.8	0.4	1.28
重　庆	507.0	153.6	3 030	-8.5	-0.6	-0.37
四　川	1 811.0	575.5	3 178	-2.0	-12.1	-2.06
贵　州	990.7	240.7	2 430	0.9	18.8	8.45
云　南	1 188.3	240.4	2 023	17.1	-3.1	-1.26
西　藏						
陕　西	1 237.4	423.6	3 423	-49.3	-48.9	-10.35
甘　肃	935.1	278.4	2 977	-30.2	-45.4	-14.02
青　海						
宁　夏	164.9	48.1	2 916	-36.4	-16.8	-25.91
新　疆	1 131.1	627.0	5 544	35.9	47.0	8.10

各地区秋粮作物播种面积和产量

地　　区	播种面积（千公顷）	总产量（万吨）	每公顷产量（千克）	比上年增减		
				播种面积（千公顷）	总产量	
					绝对量（万吨）	%
全国总计	**78 563.0**	**43 595.5**	**5 549**	**712.4**	**960.4**	**2.25**
北　　京	122.7	77.4	6 309	-19.0	-8.9	-10.35
天　　津	222.4	117.4	5 280	12.6	11.4	10.78
河　　北	3 908.8	1 962.6	5 021	51.1	69.1	3.65
山　　西	2 583.7	1 081.1	4 184	1.2	68.1	6.72
内 蒙 古	5 617.3	2 773.0	4 937	27.9	244.5	9.67
辽　　宁	3 165.5	2 164.1	6 836	12.0	124.5	6.10
吉　　林	4 789.9	3 551.0	7 414	179.6	208.0	6.22
黑 龙 江	11 564.4	6 004.1	5 192	44.8	242.6	4.21
上　　海	109.5	90.9	8 300	-4.4	-2.5	-2.68
江　　苏	2 974.2	2 227.2	7 488	14.9	-1.8	-0.08
浙　　江	958.1	598.3	6 245	-4.8	-42.2	-6.59
安　　徽	3 916.5	1 810.3	4 622	-9.4	-45.3	-2.44
福　　建	916.2	511.3	5 581	4.7	7.4	1.46
江　　西	2 230.8	1 278.6	5 732	6.3	3.2	0.25
山　　东	3 620.3	2 308.8	6 377	44.8	-22.7	-0.97
河　　南	4 688.5	2 478.5	5 286	70.0	25.9	1.06
湖　　北	2 479.9	1 777.6	7 168	0.1	-8.0	-0.45
湖　　南	3 295.4	2 005.2	6 085	0.0	-125.1	-5.87
广　　东	1 372.3	687.0	5 006	-0.6	-67.3	-8.92
广　　西	2 039.9	930.6	4 562	-3.9	19.6	2.15
海　　南	204.4	81.4	3 983	-17.4	-12.2	-13.05
重　　庆	1 746.9	994.5	5 693	2.8	10.2	1.03
四　　川	4 657.9	2 811.1	6 035	3.8	84.4	3.10
贵　　州	2 127.8	789.3	3 709	63.3	-68.3	-7.96
云　　南	3 262.4	1 557.8	4 775	73.5	77.3	5.22
西　　藏	175.9	96.2	5 467	5.0	1.3	1.33
陕　　西	1 867.7	792.2	4 242	26.9	19.6	2.54
甘　　肃	1 923.6	860.5	4 473	49.5	74.6	9.49
青　　海	280.0	102.4	3 656	-0.2	0.9	0.86
宁　　夏	636.7	325.3	5 109	9.7	15.2	4.91
新　　疆	1 103.8	750.0	6 795	67.8	57.0	8.23

各地区谷物播种面积和产量

地区	播种面积（千公顷）	总产量（万吨）	每公顷产量（千克）	比上年增减		
				播种面积（千公顷）	总产量	
					绝对量（万吨）	%
全国总计	**93 768.6**	**55 269.2**	**5 894**	**1 156.2**	**1 334.5**	**2.47**
北　　京	152.6	94.4	6 191	－33.7	－17.1	－15.35
天　　津	324.6	173.5	5 344	15.0	13.7	8.59
河　　北	5 883.8	3 221.8	5 476	20.4	119.1	3.84
山　　西	2 763.5	1 246.0	4 509	－13.4	31.3	2.58
内 蒙 古	4 250.0	2 433.6	5 726	181.9	252.7	11.59
辽　　宁	3 013.3	2 122.7	7 044	17.9	136.2	6.85
吉　　林	4 372.9	3 443.8	7 875	211.3	222.1	6.89
黑 龙 江	8 795.9	5 495.9	6 248	285.8	348.0	6.76
上　　海	163.0	112.3	6 888	－17.7	－7.8	－6.50
江　　苏	4 987.7	3 313.0	6 642	31.8	60.9	1.87
浙　　江	1 004.0	647.9	6 453	－0.4	－30.1	－4.44
安　　徽	5 534.4	3 127.3	5 651	36.1	4.1	0.13
福　　建	872.4	523.6	6 002	－7.9	－0.6	－0.11
江　　西	3 387.6	2 019.9	5 963	9.1	27.1	1.36
山　　东	6 881.7	4 297.1	6 244	87.9	11.4	0.27
河　　南	9 276.1	5 522.7	5 954	123.3	91.3	1.68
湖　　北	3 794.9	2 373.9	6 256	92.1	58.3	2.52
湖　　南	4 483.9	2 763.5	6 163	－9.3	－79.7	－2.80
广　　东	2 092.8	1 129.2	5 395	－36.6	－79.7	－6.59
广　　西	2 656.1	1 425.5	5 367	－2.6	29.0	2.07
海　　南	339.7	162.0	4 768	－12.3	－5.2	－3.09
重　　庆	1 292.1	804.7	6 228	－13.3	5.6	0.7
四　　川	4 758.3	2 815.3	5 917	－11.4	74.3	2.71
贵　　州	1 864.2	740.7	3 973	35.2	－79.4	－9.68
云　　南	3 273.2	1 485.0	4 537	105.4	48.6	3.38
西　　藏	169.2	93.5	5 523	5.5	1.3	1.40
陕　　西	2 558.0	1 096.3	4 286	－29.1	－23.2	－2.07
甘　　肃	1 976.4	856.4	4 333	13.2	19.3	2.30
青　　海	159.2	60.8	3 822	－4.3	－1.1	－1.74
宁　　夏	556.9	327.4	5 879	－19.7	－0.7	－0.21
新　　疆	2 130.3	1 339.7	6 289	95.8	104.9	8.50

各地区稻谷播种面积和产量

地区	播种面积（千公顷）	总产量（万吨）	每公顷产量（千克）	比上年增减		
				播种面积（千公顷）	总产量	
					绝对量（万吨）	%
全国总计	**30 311.7**	**20 361.2**	**6 717**	**174.6**	**-62.4**	**-0.31**
北京	0.2	0.1	6 912	…	…	0.29
天津	16.8	12.9	7 686	2.2	1.7	15.56
河北	86.8	58.8	6 768	0.9	8.9	17.94
山西	1.0	0.7	6 837	…	0.1	11.67
内蒙古	75.9	56.0	7 381	-13.5	-17.3	-23.57
辽宁	649.2	506.9	7 808	-12.6	-0.9	-0.18
吉林	726.7	563.3	7 751	25.5	31.2	5.87
黑龙江	3 175.6	2 220.6	6 993	105.8	49.4	2.27
上海	101.9	86.8	8 521	-3.2	-2.3	-2.58
江苏	2 265.7	1 922.3	8 484	11.5	22.2	1.17
浙江	828.7	580.2	7 001	-3.9	-28.1	-4.61
安徽	2 214.1	1 362.3	6 153	-1.0	-31.2	-2.24
福建	817.5	502.0	6 141	-10.1	-1.8	-0.35
江西	3 338.0	2 004.0	6 004	9.6	28.0	1.42
山东	123.1	103.6	8 416	-0.7	0.3	0.24
河南	641.3	485.8	7 575	-6.8	6.8	-1.37
湖北	2 101.2	1 676.6	7 980	83.3	25.3	1.53
湖南	4 085.0	2 561.5	6 271	-10.1	-70.1	-2.66
广东	1 908.8	1 045.0	5 475	-40.6	-81.6	-7.24
广西	2 046.6	1 156.2	5 649	-11.0	14.2	1.24
海南	311.9	149.8	4 804	-12.5	-5.9	-3.80
重庆	688.7	503.1	7 305	1.7	5.1	1.02
四川	1 990.7	1 549.5	7 784	-7.1	13.4	0.87
贵州	684.5	361.3	5 279	1.5	-41.1	-10.22
云南	1 152.7	667.9	5 794	69.8	23.3	3.61
西藏	1.0	0.6	5 789	…	…	1.85
陕西	123.7	91.0	7 351	0.4	3.6	4.12
甘肃	5.3	3.8	7 243	-0.3	-0.1	-2.56
青海						
宁夏	82.1	68.9	8 387	-2.2	-2.4	-3.37
新疆	67.3	59.8	8 890	-1.9	0.5	0.77

各地区早稻播种面积和产量

地　　区	播种面积（千公顷）	总产量（万吨）	每公顷产量（千克）	比上年增减		
				播种面积（千公顷）	总产量	
					绝对量（万吨）	%
全国总计	**5 804.4**	**3 413.5**	**5 881**	**39.5**	**84.4**	**2.54**
北　　京						
天　　津						
河　　北						
山　　西						
内 蒙 古						
辽　　宁						
吉　　林						
黑 龙 江						
上　　海						
江　　苏						
浙　　江	115.1	71.7	6 230	4.4	4.9	7.32
安　　徽	235.5	130.8	5 554	-2.0	-1.2	-0.91
福　　建	196.1	117.6	5 996	-5.0	-3.5	-2.89
江　　西	1 397.7	828.0	5 924	8.1	27.8	3.47
山　　东						
河　　南						
湖　　北	385.6	222.8	5 777	33.8	13.9	6.65
湖　　南	1 446.7	860.5	5 948	22.0	41.8	5.10
广　　东	905.4	521.1	5 755	-30.4	-13.3	-2.49
广　　西	927.9	555.2	5 983	-1.9	10.3	1.89
海　　南	144.9	79.7	5 499	1.4	3.2	4.24
重　　庆						
四　　川	1.0	0.5	5 000	-0.1	-0.2	-28.57
贵　　州						
云　　南	48.7	25.8	5 298	9.2	0.7	2.79
西　　藏						
陕　　西						
甘　　肃						
青　　海						
宁　　夏						
新　　疆						

各地区中稻和一季晚稻播种面积和产量

地区	播种面积（千公顷）	总产量（万吨）	每公顷产量（千克）	比上年增减		
				播种面积（千公顷）	总产量	
					绝对量（万吨）	%
全国总计	**18 186.3**	**13 297.6**	**7 312**	**167.6**	**-59.2**	**-0.44**
北京	0.2	0.1	6 912	…	…	0.29
天津	16.8	12.9	7 686	2.2	1.7	15.56
河北	86.8	58.8	6 768	0.9	8.9	17.94
山西	1.0	0.7	6 837	…	0.1	11.67
内蒙古	75.9	56.0	7 381	-13.5	-17.3	-23.57
辽宁	649.2	506.9	7 808	-12.6	-0.9	-0.18
吉林	726.7	563.3	7 751	25.5	31.2	5.87
黑龙江	3 175.6	2 220.6	6 993	105.8	49.4	2.27
上海	101.9	86.8	8 521	-3.2	-2.3	-2.58
江苏	2 265.7	1 922.3	8 484	11.5	22.2	1.17
浙江	593.0	439.8	7 417	-7.2	-23.4	-5.05
安徽	1 730.1	1 101.5	6 367	15.8	-22.0	-1.96
福建	305.5	193.6	6 336	-1.2	0.8	0.43
江西	392.9	264.3	6 726	-5.2	-5.2	-1.93
山东	123.1	103.6	8 416	-0.7	0.3	0.24
河南	641.3	485.8	7 575	-6.8	6.8	-1.37
湖北	1 265.7	1 153.6	9 115	12.7	-17.3	-1.47
湖南	1 171.8	770.4	6 574	-11.6	-87.7	-10.22
广东						
广西	151.3	93.0	6 144	2.7	5.6	6.36
海南	167.0	70.2	4 204			
重庆	688.7	503.1	7 305	1.7	5.1	1.02
四川	1 989.3	1 548.7	7 785	-6.8	13.7	0.89
贵州	684.5	361.3	5 279	1.5	-41.1	-10.22
云南	1 070.1	626.7	5 856	60.3	24.2	4.02
西藏	1.0	0.6	5 789	…	…	1.85
陕西	123.7	91.0	7 351	0.4	3.6	4.12
甘肃	5.3	3.8	7 243	-0.3	-0.1	-2.56
青海						
宁夏	82.1	68.9	8 387	-2.2	-2.4	-3.37
新疆	67.3	59.8	8 890	-1.9	0.5	0.77

各地区双季晚稻播种面积和产量

地区	播种面积（千公顷）	总产量（万吨）	每公顷产量（千克）	比上年增减		
				播种面积（千公顷）	总产量	
					绝对量（万吨）	%
全国总计	**6 321.0**	**3 650.1**	**5 774**	**-32.4**	**-87.6**	**-2.34**
北京						
天津						
河北						
山西						
内蒙古						
辽宁						
吉林						
黑龙江						
上海						
江苏						
浙江	120.6	68.7	5 693	-1.1	-9.6	-12.21
安徽	248.5	130.0	5 231	-14.7	-8.0	-5.80
福建	315.9	190.9	6 042	-3.8	0.9	0.48
江西	1 547.4	911.7	5 892	6.7	5.4	0.60
山东						
河南						
湖北	449.9	300.3	6 675	36.8	28.6	10.54
湖南	1 466.6	930.7	6 346	-20.4	-24.2	-2.53
广东	1 003.4	523.9	5 221	-10.2	-68.3	-11.53
广西	967.4	508.0	5 251	-11.8	-1.7	-0.33
海南						
重庆						
四川	0.4	0.3	7 500	-0.2	-0.1	-25.00
贵州						
云南	33.9	15.4	4 543	0.4	-1.6	-9.41
西藏						
陕西						
甘肃						
青海						
宁夏						
新疆						

各地区小麦播种面积和产量

地区	播种面积（千公顷）	总产量（万吨）	每公顷产量（千克）	比上年增减		
				播种面积（千公顷）	总产量	
					绝对量（万吨）	%
全国总计	**24 117.3**	**12 192.6**	**5 056**	**-151.0**	**90.3**	**0.75**
北京	36.2	18.7	5 172	-16.0	-8.7	-31.76
天津	110.4	57.3	5 189	-2.7	1.5	2.73
河北	2 377.7	1 387.2	5 834	-32.2	49.5	3.70
山西	677.5	230.7	3 406	-11.5	-28.5	-10.98
内蒙古	571.2	180.4	3 158	-38.4	-8.0	-4.26
辽宁	5.6	2.7	4 857	-1.2	-0.5	-15.00
吉林						
黑龙江	133.0	38.9	2 923	-77.1	-31.1	-44.47
上海	44.4	17.6	3 976	-12.3	-4.9	-21.81
江苏	2 146.9	1 101.3	5 130	14.4	52.6	5.01
浙江	75.5	27.8	3 685	1.0	0.7	2.69
安徽	2 432.9	1 332.0	5 475	17.3	38.0	2.94
福建	2.3	0.7	2 940	-0.2	…	-5.79
江西	11.8	2.5	2 114	-0.1	0.2	9.21
山东	3 673.3	2 218.8	6 040	47.4	39.3	1.80
河南	5 366.7	3 226.4	6 012	26.7	49.1	1.54
湖北	1 094.8	416.8	3 807	29.3	46.0	12.41
湖南	32.3	11.0	3 396	-3.0	2.4	28.04
广东	0.9	0.3	3 441	…	…	6.67
广西	1.8	0.3	1 453	0.3	0.1	30.00
海南						
重庆	107.6	33.7	3 132	-17.8	-4.8	-12.35
四川	1 216.0	421.3	3 465	-18.1	-15.7	-3.59
贵州	251.8	51.5	2 046	-8.0	-0.9	-1.68
云南	437.3	80.5	1 842	-4.9	-7.8	-8.80
西藏	37.8	24.1	6 366	0.1	-0.5	-2.04
陕西	1 094.8	389.8	3 560	-32.8	-45.7	-10.49
甘肃	811.7	235.9	2 906	-22.3	-42.6	-15.30
青海	95.4	36.0	3 769	1.2	0.8	2.16
宁夏	148.8	46.3	3 112	-30.2	-15.7	-25.30
新疆	1 121.0	602.1	5 371	39.9	25.5	4.43

各地区冬小麦播种面积和产量

地区	播种面积（千公顷）	总产量（万吨）	每公顷产量（千克）	比上年增减		
				播种面积（千公顷）	总产量	
					绝对量（万吨）	%
全国总计	**22 552.6**	**11 585.3**	**5 137**	**38.9**	**148.2**	**1.30**
北　京	36.2	18.7	5 172	-16.0	-8.7	-31.77
天　津	99.7	52.5	5 263	-5.4	0.2	0.38
河　北	2 368.3	1 385.1	5 848	-36.1	48.4	3.62
山　西	677.1	230.5	3 405	-11.4	-28.4	-10.97
内蒙古						
辽　宁						
吉　林						
黑龙江						
上　海	44.4	17.6	3 976	-12.3	-4.9	-21.81
江　苏	2 146.9	1 101.3	5 130	14.4	52.6	5.01
浙　江	75.5	27.8	3 685	1.0	0.7	2.69
安　徽	2 432.9	1 332.0	5 475	17.3	38.0	2.94
福　建	2.3	0.7	2 940	-0.2	…	-5.79
江　西	11.8	2.5	2 114	0.3	0.3	12.16
山　东	3 673.3	2 218.8	6 040	47.4	39.3	1.80
河　南	5 366.7	3 226.4	6 012	26.7	49.1	1.54
湖　北	1 094.8	416.8	3 807	29.3	46.0	12.41
湖　南	32.3	11.0	3 396	-3.0	2.4	28.04
广　东	0.9	0.3	3 441	…	…	6.67
广　西	1.8	0.3	1 453	0.3	0.1	30.00
海　南						
重　庆	107.6	33.7	3 132	-17.8	-4.8	-12.35
四　川	1 216.0	421.3	3 465	-9.4	-13.5	-3.10
贵　州	251.8	51.5	2 046	-8.0	-0.9	-1.68
云　南	437.3	80.5	1 842	-4.9	-7.8	-8.80
西　藏	28.0	18.8		-0.2	0.3	1.79
陕　西	1 094.8	389.8	3 560	-32.8	-45.7	-10.49
甘　肃	570.2	147.9	2 594	-6.7	-31.7	-17.65
青　海						
宁　夏	84.6	14.0	1 653			
新　疆	697.5	385.5	5 527	-18.3	3.2	0.84

各地区春小麦播种面积和产量

地区	播种面积（千公顷）	总产量（万吨）	每公顷产量（千克）	比上年增减		
				播种面积（千公顷）	总产量	
					绝对量（万吨）	%
全国总计	**1 564.7**	**607.3**	**3 881**	**-189.9**	**-57.9**	**-8.70**
北京	…	…	4 623	…	…	-5.06
天津	10.7	4.8	4 504	2.7	1.3	37.82
河北	9.4	2.1	2 248	3.8	1.1	98.13
山西	0.4	0.2	4 500	-0.1	-0.1	-25.00
内蒙古	571.2	180.4	3 158	-38.4	-8.0	-4.26
辽宁	5.6	2.7	4 857	-1.2	-0.5	-15.00
吉林						
黑龙江	133.0	38.9	2 923	-77.1	-31.1	-44.47
上海						
江苏						
浙江						
安徽						
福建						
江西						
山东						
河南						
湖北						
湖南						
广东						
广西						
海南						
重庆						
四川						
贵州						
云南						
西藏	9.8	5.3		0.3	-0.8	-13.52
陕西						
甘肃	241.5	88.0	3 644	-15.5	-10.9	-11.02
青海	95.4	36.0	3 769	1.2	0.8	2.16
宁夏	64.2	32.3	5 036	-114.8	-29.7	-47.85
新疆	423.5	216.6	5 114	58.2	22.3	11.50

各地区玉米播种面积和产量

地　区	播种面积（千公顷）	总产量（万吨）	每公顷产量（千克）	比上年增减		
				播种面积（千公顷）	总产量	
					绝对量（万吨）	%
全国总计	**36 318.4**	**21 848.9**	**6 016**	**1 288.6**	**1 287.5**	**6.26**
北　京	114.5	75.2	6 567	-17.5	-8.4	-10.05
天　津	191.7	102.1	5 329	12.3	9.7	10.48
河　北	3 108.8	1 703.9	5 481	59.6	54.4	3.30
山　西	1 670.0	955.5	5 721	1.1	51.6	5.71
内蒙古	3 170.6	2 069.7	6 528	337.0	285.3	15.99
辽　宁	2 245.6	1 563.2	6 961	38.9	139.7	9.81
吉　林	3 499.1	2 775.7	7 933	214.8	197.0	7.64
黑龙江	5 447.5	3 216.4	5 904	256.9	328.5	11.37
上　海	3.6	2.5	6 997	-0.2	…	0.79
江　苏	426.4	216.4	5 076	7.5	-13.8	-5.98
浙　江	63.4	26.8	4 221	1.4	-2.4	-8.14
安　徽	845.1	426.0	5 041	22.6	-1.5	-0.35
福　建	47.9	19.3	4 017	2.6	1.2	6.94
江　西	29.5	12.0	4 054	1.5	-0.6	-4.85
山　东	3 060.7	1 967.1	6 427	42.7	-27.4	-1.37
河　南	3 203.3	1 796.5	5 608	103.3	48.8	2.79
湖　北	573.5	270.8	4 721	-19.9	-11.8	-4.18
湖　南	344.2	185.0	5 374	2.2	-12.3	-6.21
广　东	176.7	81.6	4 620	4.2	1.9	2.41
广　西	587.6	266.0	4 526	7.1	15.4	6.13
海　南	27.7	12.1	4 362	0.2	0.7	6.60
重　庆	466.7	258.1	5 530	-1.7	1.8	0.71
四　川	1 378.0	762.4	5 533	6.9	61.1	8.71
贵　州	778.4	298.0	3 829	3.2	-44.2	-12.92
云　南	1 505.1	734.2	4 878	48.2	34.2	4.89
西　藏	4.3	2.5	5 764	…	-0.1	-4.96
陕　西	1 166.2	586.7	5 031	-1.2	19.8	3.50
甘　肃	976.1	571.5	5 855	73.5	67.4	13.37
青　海	23.3	16.4	7 055	0.3	-0.6	-3.35
宁　夏	262.0	206.2	7 871	16.1	15.0	7.87
新　疆	920.8	669.0	7 266	65.1	76.9	12.99

各地区谷子播种面积和产量

地区	播种面积（千公顷）	总产量（万吨）	每公顷产量（千克）	比上年增减		
				播种面积（千公顷）	总产量	
					绝对量（万吨）	%
全国总计	**715.7**	**174.60**	**2 440**	**-20.3**	**-5.0**	**-2.76**
北　京	1.3	0.30	2 304	-0.1	…	-4.09
天　津	0.2	0.03	1 304	-0.3	-0.1	-62.50
河　北	144.5	45.23	3 129	-7.2	4.6	11.21
山　西	210.0	36.76	1 750	3.2	5.6	17.82
内蒙古	125.6	28.85	2 297	-16.8	-12.0	-29.34
辽　宁	51.9	16.54	3 189	-0.1	…	0.24
吉　林	32.2	19.37	6 023	-3.6	-3.1	-13.68
黑龙江	6.9	2.44	3 532	-1.8	-0.6	-19.34
上　海						
江　苏	0.1	0.02	1 429	0.1	…	236.70
浙　江						
安　徽	0.1	0.04	4 000	…	…	…
福　建	0.1	0.05	3 064	…	…	-0.88
江　西	0.4	0.12	2 791	-0.6	-0.2	-57.14
山　东	18.6	5.62	3 022	-0.1	-0.3	-4.58
河　南	35.5	4.97	1 399	0.2	0.1	1.22
湖　北	…	0.02	5 000	…	…	…
湖　南						
广　东	0.5	0.11	2 444	0.2	…	57.14
广　西	1.7	0.41	2 470	-0.2	-0.1	-18.00
海　南						
重　庆						
四　川						
贵　州	10.9	1.97	1 804	9.1	1.6	496.97
云　南	0.2	0.10	5 000	-0.1	0.1	150.00
西　藏						
陕　西	57.2	9.60	1 679	-2.9	-0.6	-6.07
甘　肃	12.2	2.05	1 679	0.5	-0.1	-4.21
青　海						
宁　夏	4.8					
新　疆	0.7					

各地区高粱播种面积和产量

地　　区	播种面积（千公顷）	总产量（万吨）	每公顷产量（千克）	比上年增减		
				播种面积（千公顷）	总产量	
					绝对量（万吨）	%
全国总计	**582.3**	**289.15**	**4 965**	**-40.8**	**33.6**	**13.15**
北　　京	0.3	0.08	3 110	…	…	-7.23
天　　津	5.4	1.10	2 056	3.5	0.8	307.41
河　　北	13.6	4.50	3 314	-0.4	0.7	17.49
山　　西	28.8	6.99	2 430	0.1	0.8	12.74
内 蒙 古	109.9	59.41	5 406	-65.3	7.9	15.43
辽　　宁	47.1	29.46	6 259	-4.1	-1.0	-3.41
吉　　林	115.0	85.43	7 428	-11.8	2.6	3.16
黑 龙 江	29.1	16.37	5 621	3.1	1.8	12.19
上　　海						
江　　苏	0.1	0.01	1 370	…	…	33.33
浙　　江						
安　　徽	1.1	0.24	2 243	0.1	…	9.09
福　　建	1.2	0.46	3 751	…	…	-6.31
江　　西	5.2	0.70	1 351	0.1	0.1	12.90
山　　东	4.7	1.49	3 191	-0.1	-0.1	-5.70
河　　南	2.6	0.26	1 004	…	…	18.18
湖　　北	1.9	0.78	4 127	-0.5	-0.3	-30.36
湖　　南	4.6	1.56	3 399	1.7	0.3	20.93
广　　东	0.1	0.04	4 444	…	…	…
广　　西	3.8	1.09	2 868	1.2	0.4	55.71
海　　南	…	0.01	3 113			
重　　庆	22.2	8.45	3 807	4.5	3.4	65.75
四　　川	70.5	39.20	5 560	5.1	10.8	37.79
贵　　州	78.5	17.30	2 205	16.3	1.2	7.72
云　　南	2.5	0.30	1 200	-0.2	…	-9.09
西　　藏						
陕　　西	16.4	5.30	3 232	8.4	2.6	98.50
甘　　肃	10.3	4.93	4 805	2.9	1.2	31.47
青　　海						
宁　　夏	0.1					
新　　疆	7.7	3.70	4 805	-5.2	0.6	17.46

各地区其他谷物播种面积和产量

地区	播种面积（千公顷）	总产量（万吨）	每公顷产量（千克）	比上年增减		
				播种面积（千公顷）	总产量	
					绝对量（万吨）	%
全国总计	**1 723.2**	**402.69**	**2 337**	**-91.7**	**-9.6**	**-2.32**
北京	0.1	0.03	2 317	…	…	20.61
天津	0.2	0.01		…	…	-50.00
河北	152.4	22.13	1 452	-0.3	1.0	4.73
山西	176.2	15.39	873	-6.2	1.8	13.16
内蒙古	196.8	39.22	1 993	-21.1	-3.3	-7.72
辽宁	14.0	3.86	2 757	-3.0	-1.1	-22.80
吉林						
黑龙江	3.8	1.23	3 279	-1.1	0.1	11.79
上海	13.1	5.28	4 021	-2.0	-0.6	-10.36
江苏	148.5	72.94	4 911	-1.7	…	-0.07
浙江	36.3	13.10	3 607	1.0	-0.4	-2.75
安徽	41.2	6.72	1 632	-2.9	-1.3	-15.89
福建	3.2	1.15	3 577	-0.1	…	-1.80
江西	2.8	0.65	2 355	-1.4	-0.4	-38.68
山东	1.3	0.45	3 543	-1.1	-0.5	-50.00
河南	26.7	8.75	3 281	…	0.1	1.16
湖北	23.5	8.93	3 800	-0.1	-0.8	-8.32
湖南	17.8	4.49	2 522	-0.1	…	0.00
广东	5.9	2.07	3 497	-0.3	-0.1	-4.17
广西	14.7	1.55	1 057	0.1	-1.0	-38.00
海南	0.1	0.03	3 508	…	…	25.05
重庆	6.9	1.37	1 975	…	0.1	4.18
四川	103.1	42.90	4 161	1.8	4.7	12.43
贵州	60.3	10.58	1 755	13.1	4.0	60.06
云南	175.5	2.01	115	-7.4	-1.2	-36.79
西藏	126.1	66.33	5 259	5.4	1.9	2.95
陕西	99.7	13.87	1 391	-1.0	-2.9	-17.49
甘肃	160.8	38.18	2 374	-41.1	-6.5	-14.61
青海	40.4	8.43	2 085	-5.9	-1.3	-13.09
宁夏	59.1	5.95	1 007	-3.4	2.3	65.21
新疆	12.9	5.09	3 961	-2.6	1.4	39.45

各地区大麦播种面积和产量

地　　区	播种面积（千公顷）	总产量（万吨）	每公顷产量（千克）	比上年增减		
				播种面积（千公顷）	总产量	
					绝对量（万吨）	%
全国总计	**465.5**	**169.93**	**3 650**	**-24.4**	**7.4**	**4.53**
北　　京						
天　　津	0.1	0.01				
河　　北	0.2	0.06				
山　　西						
内 蒙 古	49.6	20.69	4 172	-19.3	-8.8	-29.77
辽　　宁						
吉　　林						
黑 龙 江						
上　　海	13.1	5.28	4 021	-2.0	-0.6	-10.36
江　　苏	143.8	71.20	4 952	-1.3	…	0.06
浙　　江	26.0	9.53	3 661	0.2	-0.4	-3.64
安　　徽						
福　　建	0.6	0.18	2 936	-0.1	…	-9.33
江　　西	0.3	0.06	2 000	…	…	20.00
山　　东	0.4	0.15	4 054	-0.6	-0.3	-62.50
河　　南	26.7	8.75	3 281	…	0.1	1.16
湖　　北	23.0	8.70	3 784	-0.1	-0.8	-8.81
湖　　南	1.3	0.32	2 462	…	…	…
广　　东						
广　　西						
海　　南						
重　　庆	1.3	0.29	2 249	-0.1	…	-4.64
四　　川	37.0	11.80	3 189	3.0	0.8	7.27
贵　　州	2.8	0.63	2 258	-0.5	-0.1	-13.70
云　　南	86.3	1.67	194	4.7	-0.7	-29.24
西　　藏	0.1	0.02				
陕　　西	3.9	1.46	3 744	-0.1	-0.2	-9.32
甘　　肃	39.0	24.21	6 206			
青　　海						
宁　　夏	0.1					
新　　疆	10.1	4.92	4 886	-4.1	1.5	42.20

各地区豆类播种面积和产量

地区	播种面积（千公顷）	总产量（万吨）	每公顷产量（千克）	比上年增减		
				播种面积（千公顷）	总产量	
					绝对量（万吨）	%
全国总计	**9 223.6**	**1 595.3**	**1 730**	**-485.8**	**-135.3**	**-7.82**
北京	4.9	0.9	1 829	-0.6	-0.1	-7.32
天津	7.5	0.9	1 235	-4.7	-0.6	-37.58
河北	166.4	30.9	1 855	-5.4	-1.6	-4.90
山西	320.3	30.8	961	-4.1	3.2	11.49
内蒙古	755.4	138.3	1 831	-84.6	-24.6	-15.09
辽宁	134.2	31.3	2 335	-5.7	-2.9	-8.39
吉林	337.4	58.8	1 742	-32.6	6.2	11.81
黑龙江	2 500.8	400.2	1 600	-263.2	-79.4	-16.56
上海	4.5	1.1	2 528	-1.4	-0.4	-25.00
江苏	314.6	72.2	2 296	-5.9	-8.9	-10.99
浙江	137.0	33.8	2 467	-1.4	-2.8	-7.75
安徽	937.6	114.0	1 216	-22.7	-6.5	-5.39
福建	84.2	21.4	2 544	2.3	0.7	3.18
江西	160.3	30.7	1 914	3.3	0.9	2.85
山东	164.5	40.4	2 458	0.9	0.6	1.46
河南	503.8	78.8	1 565	16.7	-5.7	-6.78
湖北	160.3	31.7	1 978	-17.4	-0.5	-1.55
湖南	166.0	35.4	2 135	-2.4	-3.0	-7.80
广东	80.3	20.9	2 597	0.1	0.7	3.53
广西	154.8	23.3	1 508	0.3	-0.3	-1.10
海南	7.8	2.3	2 889	-0.6	-0.1	-4.08
重庆	236.0	46.0	1 950	5.9	1.0	2.19
四川	471.3	92.1	1 954	-5.9	-1.5	-1.60
贵州	316.3	25.9	820	10.5	2.3	9.92
云南	566.4	131.4	2 319	-6.1	1.7	1.31
西藏	5.8	2.2	3 733	-0.5	-0.1	-4.39
陕西	211.3	32.8	1 552	-12.1	-10.3	-23.96
甘肃	183.7	37.9	2 065	-7.7	4.8	14.63
青海	27.1	5.7	2 082	-5.9	-1.5	-20.42
宁夏	29.3	2.0	683	-6.7	-2.7	-57.45
新疆	73.9	21.1	2 856	5.2	-3.9	-15.59

各地区大豆播种面积和产量

地区	播种面积（千公顷）	总产量（万吨）	每公顷产量（千克）	比上年增减		
				播种面积（千公顷）	总产量	
					绝对量（万吨）	%
全国总计	**6 790.5**	**1 195.1**	**1 760**	**-381.2**	**-109.9**	**-8.42**
北京	4.1	0.8	1 960	-0.6	-0.1	-9.18
天津	7.3	0.9	1 231	-4.5	-0.5	-37.50
河北	124.5	24.4	1 962	-3.1	-1.5	-5.78
山西	199.5	20.8	1 041	-0.2	2.6	14.07
内蒙古	564.4	119.7	2 121	-52.4	-2.3	-1.85
辽宁	114.9	28.4	2 471	-0.8	-2.8	-8.97
吉林	214.5	45.4	2 116	-15.4	4.6	11.17
黑龙江	2 429.8	386.7	1 592	-234.0	-76.7	-16.54
上海	2.9	0.8	2 655	…	…	-2.53
江苏	209.4	47.0	2 246	-1.1	-8.3	-14.99
浙江	88.3	22.6	2 565	-0.2	-2.6	-10.19
安徽	856.7	107.0	1 249	-20.0	-6.0	-5.31
福建	65.6	16.5	2 515	1.8	0.6	3.73
江西	99.5	22.4	2 254	0.5	1.0	4.47
山东	145.9	35.8	2 454	-0.5	-1.6	-4.35
河南	443.9	72.9	1 643	-16.7	-5.2	-6.64
湖北	86.7	19.6	2 259	-8.6	-1.0	-4.79
湖南	91.3	20.3	2 223	0.8	-1.2	-5.41
广东	62.5	15.9	2 545	0.4	0.6	4.19
广西	97.0	13.5	1 393	2.6	-1.8	-11.71
海南	3.2	0.7	2 170	-0.2	…	-5.78
重庆	101.5	19.6	1 930	2.4	…	0.15
四川	221.5	51.8	2 339	-1.6	-0.1	-0.14
贵州	128.2	8.0	627	-5.7	0.2	2.55
云南	124.8	31.8	2 547	-2.3	4.9	18.19
西藏	0.1	…	3 333	-0.1	…	-33.33
陕西	153.1	25.0	1 629	-13.7	-11.1	-30.71
甘肃	90.6	18.7	2 060	-0.1	2.3	14.35
青海						
宁夏				-11.9	-0.5	-100.00
新疆	59.2	18.0	3 048	3.9	-3.5	-16.33

各地区绿豆播种面积和产量

地　区	播种面积（千公顷）	总产量（万吨）	每公顷产量（千克）	比上年增减		
				播种面积（千公顷）	总产量	
					绝对量（万吨）	%
全国总计	**632.9**	**75.35**	**1 191**	**-61.6**	**-11.3**	**-13.06**
北　京	0.2	0.02	978	…	…	22.05
天　津	0.1	0.01	1 250	-0.2	…	-66.67
河　北	13.9	1.66	1 195	-0.2	-0.1	-7.26
山　西	49.2	4.82	980	0.1	0.3	7.11
内蒙古	145.6	13.10	900	-20.0	-8.9	-40.45
辽　宁	5.1	1.26	2 490	-0.9	-0.1	-9.89
吉　林	108.4	11.51	1 062	-13.0	0.9	7.99
黑龙江	20.2	3.31	1 638	-15.8	-0.7	-16.72
上　海						
江　苏	3.7	0.85	2 329	-0.2	-0.1	-8.15
浙　江	5.5	1.34	2 421	-1.0	0.2	12.61
安　徽	67.7	5.90	871	-0.8	-0.3	-4.84
福　建	3.1	0.68	2 160	0.1	…	2.08
江　西	9.5	1.17	1 237	-0.1	-0.5	-29.94
山　东	7.2	1.69	2 347	-0.7	-0.3	-13.33
河　南	54.1	5.42	1 002	-1.2	-0.6	-9.82
湖　北	11.9	1.54	1 296	-5.7	-1.0	-38.65
湖　南	18.9	4.50	2 382	-2.5	-0.8	-14.93
广　东	2.9	0.68	2 361	-0.1	…	-6.85
广　西	16.2	2.23	1 380	0.3	…	0.30
海　南	0.6	0.11	1 834	0.1	…	-1.68
重　庆	21.8	4.09	1 879	0.3	0.1	2.72
四　川	16.0	3.20	2 000	-0.3	…	0.00
贵　州	5.7	0.42	743	-1.2	-0.4	-50.00
云　南	7.3	1.20	1 644	-0.2	0.1	6.19
西　藏						
陕　西	33.2	3.20	964	-1.9	-0.4	-10.86
甘　肃	0.8	0.14	1 867	0.3	0.1	100.00
青　海						
宁　夏						
新　疆	4.4	1.29	2 932	3.3	1.3	…

各地区红小豆播种面积和产量

地　　区	播种面积（千公顷）	总产量（万吨）	每公顷产量（千克）	比上年增减		
				播种面积（千公顷）	总产量	
					绝对量（万吨）	%
全国总计	**164.1**	**27.43**	**1 672**	**9.8**	**0.1**	**0.25**
北　　京	0.5	0.06	1 146	…	…	1.09
天　　津	0.1	0.02	1 429	0.1	…	100.00
河　　北	7.2	0.94	1 298	-0.5	…	-3.09
山　　西	8.5	1.13	1 336	0.4	0.2	15.31
内 蒙 古	30.4	3.97	1 306	10.5	…	-1.24
辽　　宁	5.3	1.02	1 911	0.5	…	4.81
吉　　林	13.2	1.88	1 425	3.4	0.8	73.51
黑 龙 江	27.8	6.12	2 201	-8.3	-2.0	-24.96
上　　海						
江　　苏	8.4	1.98	2 352	-0.9	-0.2	-10.65
浙　　江	3.7	0.89	2 427	-0.6	0.1	14.10
安　　徽	5.0	1.10	2 187	-0.1	-0.2	-15.38
福　　建	1.4	0.28	1 978	0.2	…	4.00
江　　西	0.3	0.04	1 429	…	…	-33.33
山　　东	1.5	0.34	2 313	-0.1	…	-10.53
河　　南	3.6	0.33	927	…	…	-5.71
湖　　北	3.3	0.16	492	-0.5	…	-20.00
湖　　南	1.0	0.15	1 500	…	…	0.00
广　　东	1.4	0.34	2 411	-0.2	-0.1	-19.05
广　　西	0.3	0.03	1 154			
海　　南	0.8	0.18	2 338	-0.1	-0.1	-28.42
重　　庆	3.2	0.56	1 773	0.4	0.1	11.32
四　　川	1.7	0.30	1 765	-0.1	…	…
贵　　州	5.8	0.52	898	1.7	0.2	52.94
云　　南	8.2	1.30	1 585	-0.4	0.1	6.56
西　　藏						
陕　　西	11.9	1.35	1 132	-0.4	-0.4	-20.59
甘　　肃	4.5	0.64	1 435	-0.2	…	-4.48
青　　海						
宁　　夏						
新　　疆	5.2	1.80	3 475	5.2	1.8	…

各地区薯类播种面积和产量

地区	播种面积（千公顷）	总产量（万吨）	每公顷产量（千克）	比上年增减		
				播种面积（千公顷）	总产量	
					绝对量（万吨）	%
全国总计	**8 963.3**	**3 329.3**	**3 714**	**77.4**	**36.6**	**1.11**
北　京	1.4	0.8	5 412	-0.7	-0.4	-36.48
天　津	0.7	0.3	4 615	-0.4	-0.2	-41.18
河　北	265.7	112.4	4 229	-1.6	0.9	0.83
山　西	190.5	36.0	1 891	0.2	4.2	13.12
内蒙古	611.9	201.1	3 286	-69.4	16.4	8.86
辽　宁	78.9	41.6	5 275	-3.1	-8.2	-16.43
吉　林	79.6	48.4	6 088	-2.3	-20.3	-29.49
黑龙江	267.7	108.0	4 034	22.3	-26.0	-19.42
上　海	1.0	0.7	7 423	0.0	-0.1	-6.49
江　苏	58.5	37.8	6 463	-1.7	-1.5	-3.84
浙　江	112.8	52.3	4 634	4.0	-2.9	-5.33
安　徽	153.3	38.3	2 498	-10.2	-7.1	-15.55
福　建	245.5	119.3	4 861	6.5	5.0	4.37
江　西	142.9	65.5	4 582	2.6	3.3	5.37
山　东	248.5	190.6	7 673	3.5	4.8	2.61
河　南	301.9	112.1	3 714	-10.0	-10.5	-8.54
湖　北	303.3	95.7	3 155	3.6	1.7	1.79
湖　南	286.7	126.8	4 422	40.2	1.9	1.54
广　东	334.5	165.9	4 959	3.9	-1.5	-0.87
广　西	265.1	73.0	2 754	9.2	8.2	12.65
海　南	74.3	26.7	3 591	-3.9	-3.3	-11.11
重　庆	725.8	297.4	4 098	1.7	3.0	1.03
四　川	1 240.3	479.7	3 868	19.0	-0.7	-0.15
贵　州	937.9	263.4	2 808	18.5	27.5	11.67
云　南	659.8	207.6	3 147	0.6	24.6	13.45
西　藏	0.8	0.5	6 220	0.0	0.1	13.33
陕　西	335.8	86.8	2 584	18.8	4.2	5.13
甘　肃	698.7	244.6	3 501	13.7	5.1	2.13
青　海	93.7	35.9	3 832	10.0	3.4	10.46
宁　夏	215.4	44.0	2 043	-0.3	1.8	4.27
新　疆	30.6	16.2	5 288	2.6	3.0	22.78

各地区马铃薯播种面积和产量

地区	播种面积（千公顷）	总产量（万吨）	每公顷产量（千克）	比上年增减		
				播种面积（千公顷）	总产量	
					绝对量（万吨）	%
全国总计	**5 614.6**	**1 918.8**	**3 418**	**82.7**	**63.6**	**3.43**
北京						
天津						
河北	169.5	61.8	3 645	2.8	…	0.06
山西	168.6	29.6	1 755	-0.4	3.4	13.07
内蒙古	610.8	200.4	3 281	-70.5	15.7	8.50
辽宁	54.7	28.6	5 223	-0.2	1.2	4.27
吉林	74.1	48.4	6 539	-2.3	-15.4	-24.18
黑龙江	267.7	108.0	4 034	22.3	-26.0	-19.42
上海						
江苏						
浙江	58.3	23.5	4 037	2.8	1.0	4.25
安徽	9.0	2.2	2 458	-6.8	-5.3	-70.59
福建	78.9	30.9	3 917	1.6	1.3	4.39
江西	10.9	6.5	5 930	-4.0	-1.8	-21.86
山东						
河南						
湖北	237.5	74.1	3 119	16.5	5.6	8.18
湖南	100.4	36.8	3 662	9.2	0.5	1.52
广东	46.4	23.5	5 055	-2.9	-1.3	-5.29
广西	64.7	26.6	4 108	19.9	8.3	44.98
海南	0.1	…	4 400	…	…	29.16
重庆	356.3	121.7	3 415	6.1	3.4	2.88
四川	768.0	281.0	3 659	21.3	6.0	2.18
贵州	689.5	211.4	3 066	13.2	31.7	17.61
云南	530.1	194.5	3 670	13.4	19.5	11.16
西藏	0.8	0.5	6 220	0.1	0.1	21.43
陕西	281.6	69.1	2 453	14.6	2.4	3.54
甘肃	698.7	244.6	3 501	13.7	5.1	2.13
青海	93.7	35.9	3 832	10.0	3.4	10.46
宁夏						
新疆	29.1	15.3	5 277	2.4	3.1	25.55

各地区油料作物播种面积和产量

地区	播种面积（千公顷）	总产量（吨）	每公顷产量（千克）	比上年增减		
				播种面积（千公顷）	总产量	
					绝对量（吨）	%
全国总计	**14 022.6**	**35 169 950**	**2 508**	**92.8**	**802 290**	**2.33**
北京	3.4	9 762	2 854	-1.1	-3 643	-27.17
天津	1.8	5 752	3 213	-0.1	106	1.88
河北	470.4	1 511 261	3 213	16.4	82 978	5.81
山西	140.3	194 660	1 387	-5.5	-1 012	-0.52
内蒙古	812.2	1 581 369	1 947	47.5	130 572	9.00
辽宁	354.7	1 136 411	3 204	-22.0	-72 328	-5.98
吉林	276.6	840 162	3 038	10.0	32 979	4.09
黑龙江	97.7	190 241	1 947	-19.6	-34 917	-15.51
上海	6.8	14 967	2 188	-1.3	-2 346	-13.55
江苏	518.3	1 503 712	2 901	-9.4	34 244	2.33
浙江	183.4	377 794	2 060	-6.0	-5 216	-1.36
安徽	802.0	2 254 320	2 811	-41.6	-22 616	-0.99
福建	115.2	288 261	2 502	1.6	7 526	2.68
江西	743.1	1 192 859	1 605	-1.0	22 106	1.89
山东	794.9	3 496 095	4 398	-1.1	-13 418	-0.38
河南	1 589.9	5 890 800	3 705	16.3	195 683	3.44
湖北	1 516.9	3 331 726	2 196	15.4	135 105	4.23
湖南	1 382.5	2 244 391	1 623	60.8	166 237	8.00
广东	360.2	1 010 094	2 805	8.0	44 031	4.56
广西	222.0	572 054	2 577	4.6	27 187	4.99
海南	40.4	109 185	2 702	0.7	5 564	5.37
重庆	283.5	531 375	1 874	12.5	30 233	6.03
四川	1 265.5	2 904 439	2 295	15.7	26 824	0.93
贵州	560.8	915 304	1 632	13.3	41 477	4.75
云南	357.6	606 771	1 697	14.3	-21 603	-3.44
西藏	24.5	63 771	2 599	0.5	462	0.73
陕西	298.8	595 182	1 992	-3.5	-8 118	-1.35
甘肃	336.9	697 199	2 070	0.4	27 163	4.05
青海	158.4	325 652	2 056	-6.0	-26 594	-7.55
宁夏	82.1	168 080	2 047	-6.3	-12 241	-6.79
新疆	221.7	606 301	2 734	-20.6	15 865	2.69

各地区花生播种面积和产量

地　　区	播种面积（千公顷）	总产量（吨）	每公顷产量（千克）	比上年增减		
				播种面积（千公顷）	总产量	
					绝对量（吨）	%
全国总计	**4 633.0**	**16 972 155**	**3 663**	**-5.5**	**280 573**	**1.68**
北　京	3.0	9 085	2 998	-1.0	-3 316	-26.74
天　津	1.4	4 877	3 484	…	282	6.14
河　北	355.6	1 300 757	3 658	1.1	31 340	2.47
山　西	7.9	18 303	2 314	-1.4	-2 017	-9.93
内蒙古	20.3	39 981	1 969	3.6	7 996	25.00
辽　宁	341.5	1 112 920	3 259	-18.2	-52 415	-4.5
吉　林	148.3	558 339	3 765	6.8	91 444	19.59
黑龙江	24.9	71 571	2 875	0.1	1 124	1.60
上　海	0.8	2 002	2 669	…	-44	-2.15
江　苏	94.2	352 816	3 745	-1.7	-7 384	-2.05
浙　江	18.4	51 906	2 823	-0.1	-1 512	-2.83
安　徽	187.3	886 550	4 734	-0.2	17 997	2.07
福　建	101.7	268 786	2 644	1.3	6 563	2.50
江　西	163.7	452 003	2 761	3.0	3 870	0.86
山　东	780.3	3 456 820	4 430	-6.7	-29 708	-0.85
河　南	1 037.3	4 713 729	4 544	30.2	173 475	3.82
湖　北	200.4	681 120	3 400	-39.5	-62 292	-8.38
湖　南	112.8	283 221	2 510	2.2	5 697	2.05
广　东	351.0	998 484	2 845	7.8	43 275	4.53
广　西	194.9	540 985	2 776	6.0	28 079	5.47
海　南	39.2	107 315	2 735	1.3	5 777	5.69
重　庆	56.7	116 642	2 058	-1.6	3 381	2.98
四　川	259.9	653 859	2 516	-2.1	5 694	0.88
贵　州	43.6	82 518	1 894	2.5	3 965	5.05
云　南	49.4	79 864	1 617	0.6	4 952	6.61
西　藏	0.2	404	1 924	0.1	142	53.99
陕　西	32.7	96 375	2 946	-0.2	-1 239	-1.27
甘　肃	1.1	4 351	3 992	0.1	355	8.88
青　海						
宁　夏	0.1	113	1 794	…	-10	-8.13
新　疆	4.7	26 459	5 661	0.3	5 103	23.89

各地区油菜籽播种面积和产量

地区	播种面积（千公顷）	总产量（吨）	每公顷产量（千克）	比上年增减		
				播种面积（千公顷）	总产量	
					绝对量（吨）	%
全国总计	**7 531.0**	**14 458 015**	**1 920**	**99.1**	**450 708**	**3.22**
北京	0.1	16	790	…	15	…
天津						
河北	22.0	35 495	1 613	3.0	5 805	19.55
山西	5.0	7 174	1 431	0.8	605	9.20
内蒙古	290.4	337 325	1 162	19.7	30 666	10.00
辽宁	0.6	1 221	1 911	0.2	284	30.31
吉林						
黑龙江	0.1	533	6 198	-0.3	-523	-49.53
上海	6.0	12 808	2 142	-1.3	-2 312	-15.29
江苏	413.9	1 132 644	2 737	-7.4	41 372	3.79
浙江	159.6	316 686	1 984	-5.9	-4 167	-1.30
安徽	568.1	1 300 500	2 289	-41.5	-42 682	-3.18
福建	12.2	17 791	1 456	0.3	1 011	6.03
江西	548.0	704 270	1 285	-3.9	16 729	2.43
山东	9.5	24 218	2 545	1.5	3 395	16.30
河南	371.3	898 035	2 418	-9.1	21 971	2.51
湖北	1 226.3	2 504 700	2 042	59.0	204 377	8.88
湖南	1 259.9	1 946 089	1 545	58.6	160 366	8.98
广东	6.6	7 865	1 188	…	-212	-2.62
广西	18.8	19 017	1 013	-1.3	-1 051	-5.24
海南						
重庆	215.6	401 045	1 860	11.0	23 944	6.35
四川	998.0	2 240 360	2 245	16.6	19 500	0.88
贵州	506.7	817 767	1 614	9.8	36 003	4.61
云南	294.9	506 870	1 719	13.7	-28 117	-5.26
西藏	24.3	63 367	2 604	0.4	320	0.51
陕西	204.4	396 664	1 940	2.3	-2 739	-0.69
甘肃	170.0	331 622	1 950	-5.0	-7 672	-2.26
青海	154.2	319 277	2 070	-5.8	-26 039	-7.54
宁夏	0.7	1 799	2 516	-0.5	-1 040	-36.63
新疆	43.7	112 857	2 582	-15.9	901	0.80

各地区芝麻播种面积和产量

地　区	播种面积（千公顷）	总产量（吨）	每公顷产量（千克）	比上年增减		
				播种面积（千公顷）	总产量	
					绝对量（吨）	%
全国总计	**418.5**	**623 492**	**1 490**	**-18.5**	**-15 877**	**-2.48**
北　京	…	37	920	…	8	29.12
天　津	0.1	145	1 450	…	-32	-18.08
河　北	6.4	8 842	1 375	-0.4	-237	-2.61
山　西	3.1	3 302	1 081	-0.4	-253	-7.12
内蒙古	1.8	1 667	903	0.3	312	23.00
辽　宁	0.4	686	1 943	-0.6	-1 453	-67.93
吉　林	6.0	6 903	1 151	-1.3	-6 902	-50.00
黑龙江	0.6	897	1 451	…	-8	-0.88
上　海	0.1	157	1 427	…	10	6.80
江　苏	10.1	17 917	1 781	-0.3	102	0.57
浙　江	5.4	9 202	1 700	0.1	463	5.30
安　徽	46.1	65 043	1 412	0.4	344	0.53
福　建	1.2	1 541	1 246	…	-9	-0.58
江　西	31.5	36 547	1 162	0.2	2 071	6.01
山　东	0.6	958	1 624	-0.1	-167	-14.84
河　南	175.8	268 614	1 528	-4.9	1 022	0.38
湖　北	84.4	136 034	1 612	-3.8	-7 567	-5.27
湖　南	9.7	15 045	1 546	-0.1	170	1.14
广　东	2.5	3 745	1 483	0.1	968	34.86
广　西	5.1	6 730	1 316	0.1	338	5.29
海　南	1.2	1 870	1 596	-0.6	-214	-10.26
重　庆	7.1	7 259	1 029	2.6	2 033	38.91
四　川	3.5	4 545	1 315	-0.1	-2	-0.04
贵　州	0.4	399	1 042	…	-33	-7.64
云　南	0.1	122	896	…	-10	-7.86
西　藏						
陕　西	14.5	24 058	1 658	-0.2	-328	-1.35
甘　肃						
青　海						
宁　夏	…	30	750	…	-6	-16.67
新　疆	0.8	1 198	1 493	-9.6	-6 496	-84.43

各地区胡麻籽播种面积和产量

地区	播种面积（千公顷）	总产量（吨）	每公顷产量（千克）	比上年增减		
				播种面积（千公顷）	总产量	
					绝对量（吨）	%
全国总计	**312.89**	**398 809**	**1 275**	**-5.0**	**8 303**	**2.13**
北京						
天津						
河北	36.33	37 456	1 031	-0.8	6 612	21.44
山西	59.72	70 263	1 177	-0.8	-2 290	-3.16
内蒙古	60.75	41 641	685	2.0	4 959	13.52
辽宁						
吉林						
黑龙江						
上海						
江苏						
浙江						
安徽						
福建						
江西	…	30	7 500	…	…	…
山东						
河南						
湖北						
湖南						
广东						
广西						
海南						
重庆						
四川	0.01	12	1 500			
贵州	0.03	87	3 000	…	57	190.00
云南	0.02	13	658	…	-15	-55.20
西藏						
陕西	3.44	4 062	1 181	…	-52	-1.26
甘肃	95.30	155 546	1 632	-1.7	4 338	2.87
青海	4.13	6 375	1 544	-0.3	-509	-7.39
宁夏	45.08	69 608	1 544	-2.9	-4 417	-5.97
新疆	8.08	13 716	1 696	-0.6	-242	-1.73

各地区向日葵籽播种面积和产量

地　　区	播种面积（千公顷）	总产量（吨）	每公顷产量（千克）	比上年增减		
				播种面积（千公顷）	总产量	
					绝对量（吨）	%
全国总计	**923.4**	**2 423 241**	**2 624**	**34.9**	**100 586**	**4.33**
北　　京	0.3	625	1 893	-0.1	-349	-35.85
天　　津	0.3	695	2 397	-0.1	26	3.89
河　　北	47.9	122 339	2 555	13.3	39 166	47.09
山　　西	32.7	53 850	1 646	-1.5	589	1.11
内 蒙 古	422.5	1 159 774	2 745	23.9	88 739	8.29
辽　　宁	7.4	17 764	2 399	-0.7	-2 520	-12.42
吉　　林	110.1	257 811	2 341	5.2	-39 117	-13.17
黑 龙 江	20.4	42 534	2 084	-9.5	-17 231	-28.83
上　　海						
江　　苏	0.1	335	2 393	0.1	154	85.08
浙　　江						
安　　徽	…	15	1 154			
福　　建	…	69	1 466	…	9	15.00
江　　西	…	10	2 000	-0.4	-563	-98.25
山　　东	0.4	1 533	3 667	0.4	1 510	6 565.22
河　　南	5.5	10 422	1 885	0.1	-785	-7.00
湖　　北	5.9	9 872	1 679	0.1	1 041	11.79
湖　　南	0.1	36	720	…	5	16.13
广　　东						
广　　西	3.3	5 322	1 638	-0.3	-179	-3.25
海　　南						
重　　庆	4.2	6 429	1 542	0.5	876	15.77
四　　川	2.9	3 975	1 388	…	-68	-1.68
贵　　州	8.7	12 756	1 473	0.9	2 230	21.19
云　　南	4.7	10 891	2 297	0.3	1 474	15.65
西　　藏						
陕　　西	27.2	47 941	1 764	0.3	-331	-0.69
甘　　肃	42.4	149 085	3 517	6.1	25 438	20.57
青　　海						
宁　　夏	30.6	90 192	2 945	-1.5	-4 080	-4.33
新　　疆	145.8	418 966	2 874	-2.4	4 552	1.10

各地区棉花播种面积和产量

地区	播种面积（千公顷）	总产量（吨）	每公顷产量（千克）	比上年增减		
				播种面积（千公顷）	总产量	
					绝对量（吨）	%
全国总计	**4 345.6**	**6 298 989**	**1 449**	**-342.5**	**-536 986**	**-7.86**
北京	0.1	151	1 078	-0.1	-121	-44.46
天津	39.2	48 483	1 237	-16.2	-9 084	-15.78
河北	483.0	456 822	946	-95.3	-107 582	-19.06
山西	23.4	30 634	1 307	-13.9	-16 347	-34.80
内蒙古	1.1	1 573	1 454	…	21	1.35
辽宁	0.5	999	1 881	0.2	439	78.39
吉林	3.1	5 751	1 848	-1.0	-2 232	-27.96
黑龙江						
上海	2.0	3 930	1 955	…	119	3.13
江苏	155.2	209 317	1 349	-15.4	-11 153	-5.06
浙江	19.6	27 958	1 423	-1.3	-1 933	-6.47
安徽	285.1	251 125	881	-19.8	-42 848	-14.58
福建	0.1	73	755	…	2	2.82
江西	84.7	130 880	1 546	-0.3	-21 323	-14.01
山东	672.8	620 961	923	-17.1	-77 529	-11.10
河南	186.7	189 721	1 016	70.0	-67 147	-26.14
湖北	415.6	459 694	1 106	-57.3	-85 606	-15.70
湖南	159.6	198 000	1 241	-12.6	-52 600	-20.99
广东						
广西	2.3	2 423	1 066	0.1	217	9.84
海南						
重庆	0.1	90	660	…	-1	-1.10
四川	13.8	13 050	942	-0.7	-264	-1.98
贵州	1.6	959	587	-0.1	-241	-20.08
云南	0.2	377	1 942	-0.1	-104	-21.60
西藏						
陕西	36.7	57 917	1 577	-11.6	-9 285	-13.82
甘肃	40.7	70 536	1 732	-7.5	-10 492	-12.95
青海						
宁夏	…	17				
新疆	1 718.3	3 517 549	2 047	-2.6	-21 909	-0.62

各地区麻类播种面积和产量

地区	播种面积（千公顷）	总产量（吨）	每公顷产量（千克）	比上年增减		
				播种面积（千公顷）	总产量	
					绝对量（吨）	%
全国总计	**91.51**	**229 374**	**2 507**	**-9.7**	**-31 841**	**-12.19**
北京						
天津						
河北	0.33	786	2 382	…	6	0.77
山西	0.07	53	790	…	11	27.21
内蒙古						
辽宁						
吉林	0.01	30	3 000	-0.1	-111	-78.72
黑龙江	1.27	9 224	7 292	-0.6	-942	-9.27
上海						
江苏	0.72	1 904	2 644	…	-109	-5.41
浙江	0.09	260	2 921	…	-45	-14.75
安徽	8.04	26 635	3 312	-0.9	-391	-1.45
福建	0.12	361	2 954	…	-25	-6.48
江西	5.31	8 149	1 533	-0.4	-923	-10.17
山东	0.02	45	2 250	…	…	…
河南	6.54	36 509	5 582	-0.1	-190	-0.52
湖北	11.19	26 144	2 336	-0.9	-298	-1.13
湖南	7.62	16 856	2 212	-2.8	-7 061	-29.52
广东	0.16	394	2 422	…	67	20.49
广西	4.43	7 469	1 685	-0.1	-3 598	-32.51
海南	0.33	1 198	3 606	0.2	201	20.16
重庆	5.78	9 453	1 634	-1.1	-733	-7.20
四川	31.05	56 102	1 807	-0.6	-1 283	-2.24
贵州	0.70	1 025	1 471	0.1	220	27.33
云南	2.52	7 918	3 146	-0.6	-2 252	-22.15
西藏						
陕西	0.48	686	1 429	…	-4	-0.58
甘肃	2.33	3 445	1 479	0.5	935	37.25
青海						
宁夏						
新疆	2.40	14 729	6 147	-2.4	-15 313	-50.97

各地区黄红麻播种面积和产量

地区	播种面积（千公顷）	总产量（吨）	每公顷产量（千克）	比上年增减		
				播种面积（千公顷）	总产量	
					绝对量（吨）	%
全国总计	**17.10**	**61 217**	**3 581**	**-0.5**	**-7 250**	**-10.59**
北京						
天津						
河北	0.31	736	2 374	…	-2	-0.27
山西						
内蒙古						
辽宁						
吉林						
黑龙江						
上海						
江苏						
浙江	0.06	213	3 293	…	-37	-14.75
安徽	4.41	12 988	2 948	-0.2	-2 890	-18.20
福建	0.09	286	3 213	…	-26	-8.33
江西	0.15	720	4 868	…	-84	-10.45
山东						
河南	6.54	36 509	5 582	…	-146	-0.40
湖北	0.08	147	1 838	…	-98	-40.00
湖南	0.21	599	2 852	…	-1	-0.23
广东	0.16	394	2 422	…	67	20.49
广西	3.95	5 797	1 468	-0.1	-3 744	-39.24
海南	0.33	1 198	3 606	0.2	201	20.16
重庆	0.06	89	1 616	…	-14	-13.62
四川	0.73	1 528	2 105	-0.2	-458	-23.06
贵州	0.01	6	600	…	-4	-40.00
云南	…	6	2 067	…	-2	-20.51
西藏						
陕西	0.01	1.0	100		-10	-90.91
甘肃						
青海						
宁夏						
新疆						

各地区苎麻播种面积和产量

地　区	播种面积（千公顷）	总产量（吨）	每公顷产量（千克）	比上年增减		
				播种面积（千公顷）	总产量	
					绝对量（吨）	%
全国总计	**62.80**	**119 863**	**1 909**	**-6.2**	**-10 455**	**-8.02**
北　京						
天　津						
河　北						
山　西						
内 蒙 古						
辽　宁						
吉　林						
黑 龙 江						
上　海						
江　苏	0.67	1 625	2 425	…	-113	-6.50
浙　江	0.02	47	1 932	…	-8	-14.75
安　徽	1.52	2 418	1 592	-0.7	-868	-26.42
福　建	0.03	75	2 259	…	1	1.35
江　西	5.17	7 429	1 438	-0.4	-839	-10.14
山　东						
河　南						
湖　北	11.10	25 997	2 342	-0.9	-200	-0.76
湖　南	7.37	16 110	2 186	-2.8	-7 107	-30.61
广　东						
广　西	0.48	1 672	3 462	…	146	9.57
海　南						
重　庆	5.73	9 364	1 634	-1.0	-658	-6.57
四　川	30.21	54 435	1 802	-0.4	-820	-1.48
贵　州	0.34	450	1 331	…	23	5.39
云　南	0.02	18	1 041	…	-1	-2.75
西　藏						
陕　西	0.15	224	1 493	…	-12	-5.08
甘　肃						
青　海						
宁　夏						
新　疆						

各地区大麻（线麻）播种面积和产量

地区	播种面积（千公顷）	总产量（吨）	每公顷产量（千克）	比上年增减		
				播种面积（千公顷）	总产量	
					绝对量（吨）	%
全国总计	**6.55**	**18 744**	**2 863**	**1.3**	**4 206**	**28.93**
北京						
天津						
河北	0.01	38	3 800	…	3	8.57
山西	0.06	32	572	…	-10	-24.82
内蒙古						
辽宁						
吉林	0.01	30	3 000	-0.1	-111	-78.72
黑龙江	0.35	3 037	8 803	0.1	2 046	206.46
上海						
江苏	0.02	207	10 350	…	-68	-24.73
浙江						
安徽	2.08	6 338	3 041	…	1 512	-19.26
福建						
江西						
山东						
河南						
湖北						
湖南						
广东						
广西						
海南						
重庆						
四川						
贵州	0.07	138	2 029	…	83	150.91
云南	1.30	5 021	3 851	0.9	2 955	143.06
西藏						
陕西	0.32	458	1 431	…	35	8.27
甘肃	2.33	3 445	1 479	0.5	935	37.25
青海						
宁夏						
新疆						

各地区亚麻播种面积和产量

地区	播种面积（千公顷）	总产量（吨）	每公顷产量（千克）	比上年增减		
				播种面积（千公顷）	总产量	
					绝对量（吨）	%
全国总计	**4.71**	**24 056**	**5 103**	**751.0**	**1 236**	**2.10**
北京						
天津						
河北						
山西						
内蒙古						
辽宁						
吉林						
黑龙江	0.92	6 187	6 725	44.8	243	4.21
上海						
江苏						
浙江						
安徽						
福建						
江西						
山东	0.02	45	2 250	92.3	17	0.37
河南						
湖北						
湖南	0.04	147	3 675	28.5	-81	-2.69
广东						
广西						
海南						
重庆						
四川	…	1	1 000	1.7	72	2.17
贵州	0.28	431	1 539	64.1	-50	-4.59
云南	1.06	2 716	2 552	99.8	75	4.28
西藏						
陕西						
甘肃						
青海						
宁夏						
新疆	2.39	14 529	6 081	103.6	104	8.17

各地区糖料播种面积和产量

地 区	播种面积（千公顷）	总产量（吨）	每公顷产量（千克）	比上年增减		
				播种面积（千公顷）	总产量	
					绝对量（吨）	%
全国总计	**1 998.34**	**137 461 273**	**68 788**	**-32.1**	**2 606 997**	**1.93**
北 京						
天 津						
河 北	16.29	742 424	45 575	2.1	148 127	24.92
山 西	4.60	224 571	48 858	-3.9	-183 181	-44.92
内 蒙 古	45.81	1 813 605	39 588	2.1	134 341	8.00
辽 宁	3.33	171 219	51 402	1.5	73 902	75.94
吉 林	2.27	61 992	27 261	-4.4	-147 418	-70.40
黑 龙 江	38.57	1 231 731	31 932	-34.4	-1 499 445	-54.90
上 海	0.14	6 766	48 329	…	-3 374	-33.27
江 苏	1.59	95 594	60 122	-0.1	-1 937	-1.99
浙 江	10.31	638 939	61 955	-0.7	-62 486	-8.91
安 徽	5.05	202 087	40 057	-0.1	-4 021	-1.95
福 建	9.59	586 246	61 153	0.3	21 535	3.81
江 西	14.47	645 998	44 643	0.7	30 234	4.91
山 东	0.00	67	22 333	…	-5	-6.94
河 南	3.95	283 127	71 678	…	14 324	5.33
湖 北	7.52	287 211	38 193	-0.3	-23 611	-7.60
湖 南	14.22	736 817	51 816	-0.2	-1 490	-0.20
广 东	172.99	15 532 282	89 789	7.5	840 177	5.72
广 西	1 125.09	81 042 553	72 032	-2.9	2 745 419	3.51
海 南	64.34	4 407 722	68 510	1.9	248 524	5.98
重 庆	2.95	109 360	37 091	-0.4	-9 463	-7.96
四 川	14.10	571 315	40 516	-0.8	-43 992	-7.15
贵 州	27.93	1 593 469	57 044	6.1	312 685	24.41
云 南	342.36	21 462 549	62 690	10.9	1 024 705	5.01
西 藏						
陕 西	0.05	1 600	32 000	…	-67	-4.02
甘 肃	4.91	247 223	50 351	-0.1	720	0.29
青 海	0.01	150	22 500			
宁 夏						
新 疆	65.90	4 764 656	72 301	-16.7	-1 007 233	-17.45

各地区甘蔗播种面积和产量

地 区	播种面积（千公顷）	总产量（吨）	每公顷产量（千克）	比上年增减		
				播种面积（千公顷）	总产量	
					绝对量（吨）	%
全国总计	**1 816.5**	**128 200 908**	**70 576**	**21.8**	**5 086 988**	**4.13**
北 京						
天 津						
河 北						
山 西						
内 蒙 古						
辽 宁						
吉 林						
黑 龙 江						
上 海	0.1	6 766	48 329	…	-3 374	-33.27
江 苏	1.6	95 394	60 761	-0.1	-1 837	-1.89
浙 江	10.3	638 939	61 955	-0.7	-62 486	-8.91
安 徽	5.0	202 087	40 121	-0.2	-4 021	-1.95
福 建	9.6	586 246	61 153	0.3	21 535	3.81
江 西	14.5	645 998	44 643	0.7	30 234	4.91
山 东						
河 南	4.0	283 127	71 678	…	14 324	5.33
湖 北	7.5	287 162	38 288	-0.3	-23 613	-7.60
湖 南	14.2	736 817	51 816	-0.2	-1 490	-0.20
广 东	173.0	15 532 282	89 789	7.5	840 177	5.72
广 西	1 125.1	81 042 553	72 032	-2.9	2 745 419	3.51
海 南	64.3	4 407 722	68 510	1.9	248 524	5.98
重 庆	2.9	109 360	37 091	-0.4	-9 463	-7.96
四 川	14.0	569 424	40 638	-0.8	-43 980	-7.17
贵 州	27.9	1 592 893	57 060	6.1	312 294	24.39
云 南	342.4	21 462 549	62 690	10.9	1 024 754	5.01
西 藏						
陕 西	0.1	1 590	31 800	…	-9	-0.56
甘 肃						
青 海						
宁 夏						
新 疆						

各地区甜菜播种面积和产量

地区	播种面积（千公顷）	总产量（吨）	每公顷产量（千克）	比上年增减		
				播种面积（千公顷）	总产量	
					绝对量（吨）	%
全国总计	**181.84**	**9 259 822**	**50 922**	**-53.9**	**-2 480 534**	**-21.13**
北京						
天津						
河北	16.29	742 424	45 575	2.1	148 127	24.92
山西	4.60	224 571	48 858	-3.9	-183 181	-44.92
内蒙古	45.81	1 813 605	39 588	2.1	134 341	8.00
辽宁	3.33	171 219	51 402	1.5	73 902	75.94
吉林	2.27	61 992	27 261	-4.4	-147 418	-70.40
黑龙江	38.57	1 231 731	31 932	-34.4	-1 499 445	-54.90
上海						
江苏	0.02	200	10 000	…	-100	-33.33
浙江						
安徽						
福建						
江西						
山东	…	67	22 333	…	-5	-6.94
河南						
湖北	0.02	49	2 450	…	2	4.26
湖南						
广东						
广西						
海南						
重庆						
四川	0.09	1 891	21 247	…	-12	-0.63
贵州	0.02	34	2 000	…	-151	-81.62
云南						
西藏						
陕西		10				
甘肃	4.91	247 223	50 351	-0.1	720	0.29
青海	0.01	150	22 500	…	115	328.57
宁夏						
新疆	65.90	4 764 656	72 301	-16.7	-1 007 233	-17.45

各地区烟叶播种面积和产量

地区	播种面积（千公顷）	总产量（吨）	每公顷产量（千克）	比上年增减		
				播种面积（千公顷）	总产量	
					绝对量（吨）	%
全国总计	**1 622.9**	**3 373 663**	**2 079**	**26.3**	**-32 861**	**-0.96**
北京	…	6	1 425	…	-1	-12.31
天津						
河北	3.2	7 154	2 250	…	135	1.92
山西	3.3	9 994	3 035	0.2	55	0.56
内蒙古	3.3	13 317	4 040	-0.5	-920	-6.46
辽宁	9.8	27 960	2 856	-2.0	-5 661	-16.84
吉林	22.5	60 571	2 693	-2.6	-20 715	-25.48
黑龙江	35.6	89 489	2 514	-2.4	-7 399	-7.64
上海						
江苏	…	34	1 700	…	-47	-58.02
浙江	1.0	2 498	2 381	…	-80	-3.10
安徽	16.5	42 997	2 600	3.3	7 139	19.91
福建	76.0	162 623	2 141	5.9	14 430	9.74
江西	23.7	50 538	2 135	-0.1	-1 934	-3.69
山东	42.3	112 154	2 648	2.4	8 735	8.45
河南	137.2	346 547	2 527	11.7	39 785	12.97
湖北	64.4	126 986	1 973	-7.8	-19 070	-13.06
湖南	118.9	263 436	2 215	7.1	16 441	6.66
广东	23.5	56 963	2 419	-0.4	-1 114	-1.92
广西	21.6	38 039	1 761	2.9	3 657	10.64
海南	0.2	240	1 200	…	80	50.00
重庆	49.3	96 604	1 959	-0.7	-6 304	-6.13
四川	120.0	250 735	2 090	-2.0	-23 759	-8.66
贵州	266.4	435 634	1 635	17.3	42 866	10.91
云南	542.5	1 075 540	1 983	-2.7	-74 477	-6.48
西藏						
陕西	36.8	86 647	2 355	-3.4	-5 270	-5.73
甘肃	4.3	14 467	3 357	0.2	1 491	11.49
青海	0.1	530	4 184	…	-780	-59.54
宁夏	0.4	1 960	4 816	…	-140	-6.67
新疆						

各地区烤烟播种面积和产量

地区	播种面积（千公顷）	总产量（吨）	每公顷产量（千克）	比上年增减		
				播种面积（千公顷）	总产量	
					绝对量（吨）	%
全国总计	**1 526.9**	**3 148 547**	**2 062**	**46.4**	**22 317**	**0.71**
北京						
天津						
河北	2.7	4 806	1 807	…	256	5.63
山西	3.3	9 973	3 030	0.2	38	0.38
内蒙古	3.1	11 939	3 903	0.4	171	1.45
辽宁	9.3	26 852	2 876	-1.5	-3 685	-12.07
吉林	12.0	30 099	2 510	-0.1	-2 254	-6.97
黑龙江	32.4	81 319	2 511	-1.2	-6 847	-7.77
上海						
江苏	…	34	1 700	…	-17	-33.33
浙江						
安徽	16.3	42 181	2 582	3.4	7 177	20.50
福建	75.4	161 370	2 141	5.8	14 251	9.69
江西	22.4	47 563	2 126	-0.5	-2 775	-5.51
山东	41.6	111 308	2 677	1.7	7 907	7.65
河南	137.2	346 502	2 526	11.7	39 740	12.95
湖北	49.6	94 610	1 906	-2.4	-4 499	-4.54
湖南	114.9	253 007	2 203	7.5	16 532	6.99
广东	21.4	51 187	2 391	-0.4	-1 048	-2.01
广西	18.1	31 106	1 720	3.3	4 063	15.02
海南	0.2	240	1 200	…	80	50.00
重庆	42.9	82 384	1 918	4.9	6 322	8.31
四川	103.1	205 612	1 995	-0.9	-21 469	-9.45
贵州	254.9	417 911	1 640	17.9	44 830	12.02
云南	525.5	1 038 536	1 976	-0.3	-71 925	-6.48
西藏						
陕西	36.6	85 377	2 332	-3.4	-6 118	-6.69
甘肃	3.7	12 671	3 397	0.4	1 733	15.84
青海						
宁夏	0.4	1 960	4 816	…	-140	-6.67
新疆						

各地区蔬菜类播种面积和产量

地　区	播种面积（千公顷）	总产量（万吨）	每公顷产量（千克）	比上年增减		
				播种面积（千公顷）	总产量	
					绝对量（万吨）	%
全国总计	**20 899.4**	**73 512.0**	**35 174**	**546.9**	**2 628.9**	**3.71**
北　京	62.0	266.9	43 056	-2.1	-13.0	-4.66
天　津	89.9	455.1	50 637	1.0	7.4	1.64
河　北	1 220.4	7 902.1	64 752	17.4	207.0	2.69
山　西	252.8	1 198.5	47 415	5.0	125.2	11.66
内蒙古	265.7	1 421.1	53 484	-22.7	-55.2	-3.74
辽　宁	492.1	3 270.9	66 469	5.0	293.3	9.85
吉　林	214.6	938.1	43 712	-22.8	-19.5	-2.03
黑龙江	265.7	946.1	35 614	15.8	79.7	9.20
上　海	132.2	398.4	30 149	-2.0	-8.5	-2.09
江　苏	1 354.9	5 237.8	38 657	31.5	253.2	5.08
浙　江	619.1	1 764.3	28 496	-4.1	-55.5	-3.05
安　徽	836.0	2 418.0	28 924	25.4	90.5	3.89
福　建	706.0	1 729.7	24 500	13.8	55.8	3.33
江　西	563.3	1 257.6	22 327	15.8	44.5	3.66
山　东	1 832.9	9 658.2	52 693	26.9	272.2	2.90
河　南	1 745.8	7 112.5	40 741	15.5	100.8	1.44
湖　北	1 145.0	3 578.3	31 251	6.3	71.9	2.05
湖　南	1 283.7	3 603.5	28 071	44.6	122.6	3.52
广　东	1 306.9	3 144.5	24 060	77.7	161.8	5.42
广　西	1 104.6	2 435.6	22 050	29.2	78.9	3.35
海　南	239.4	524.8	21 918	9.9	25.8	5.17
重　庆	681.8	1 600.6	23 476	29.2	91.3	6.05
四　川	1 276.0	3 910.7	30 648	22.1	146.0	3.88
贵　州	847.7	1 500.4	17 700	73.4	124.8	9.07
云　南	900.8	1 625.4	18 044	97.1	152.8	10.38
西　藏	23.9	67.0	28 065	0.2	1.4	2.14
陕　西	490.0	1 629.4	33 255	12.9	103.7	6.80
甘　肃	481.9	1 578.7	32 762	27.9	118.3	8.10
青　海	50.5	158.9	31 444	1.8	0.2	0.12
宁　夏	117.3	509.0	43 393	5.7	37.9	8.05
新　疆	296.7	1 669.9	56 287	-10.3	13.9	0.84

各地区瓜果类播种面积和产量

地　　区	播种面积（千公顷）	总产量（万吨）	每公顷产量（千克）	比上年增减		
				播种面积（千公顷）	总产量	
					绝对量（万吨）	%
全国总计	**2 455.4**	**9 321.8**	**37 965**	**47.2**	**369.4**	**4.13**
北　　京	7.0	29.7	42 785	-0.7	-4.3	-12.60
天　　津	5.1	26.6	52 168	-0.4	-1.0	-3.55
河　　北	109.5	560.2	51 147	2.8	31.4	5.93
山　　西	26.6	80.9	30 377	3.4	10.4	14.75
内 蒙 古	62.5	231.3	36 987	-0.3	3.3	1.43
辽　　宁	58.0	283.3	48 874	4.5	21.9	8.38
吉　　林	52.4	173.4	33 113	1.3	15.7	9.95
黑 龙 江	64.4	225.3	34 983	6.6	13.4	6.33
上　　海	11.1	37.7	33 948	-0.4	-1.3	-3.38
江　　苏	145.3	539.6	37 143	1.8	24.9	4.83
浙　　江	101.0	292.5	28 952	-0.4	1.4	0.47
安　　徽	176.5	649.2	36 788	3.8	25.1	4.02
福　　建	36.5	85.8	23 478	0.5	2.8	3.32
江　　西	75.3	196.4	26 092	0.8	-4.6	-2.28
山　　东	279.1	1 427.3	51 136	2.0	26.6	1.90
河　　南	336.4	1 711.4	50 874	5.8	46.8	2.81
湖　　北	101.4	351.0	34 613	-0.1	7.1	2.06
湖　　南	141.7	384.1	27 104	2.2	28.6	8.05
广　　东	43.0	116.7	27 161	1.0	5.7	5.11
广　　西	117.5	310.8	26 459	5.5	16.7	5.68
海　　南	32.4	96.9	29 909	-0.5	2.9	3.04
重　　庆	22.6	42.4	18 793	0.7	1.7	4.13
四　　川	48.0	121.3	25 267	-2.2	-6.0	-4.68
贵　　州	27.2	62.0	22 819	0.6	4.3	7.53
云　　南	25.2	63.1	25 051	-2.5	-7.3	-10.43
西　　藏	0.1	0.1	9 742	-0.1	-0.3	-79.60
陕　　西	77.3	277.0	35 834	3.1	21.0	8.18
甘　　肃	53.4	220.1	41 261	1.4	14.8	7.23
青　　海	0.4	1.6	40 019	-0.2	-0.7	-28.98
宁　　夏	82.2	179.8	21 867	0.9	9.7	5.71
新　　疆	136.5	544.2	39 886	6.4	58.9	12.13

各地区西瓜播种面积和产量

地区	播种面积（千公顷）	总产量（万吨）	每公顷产量（千克）	比上年增减		
				播种面积（千公顷）	总产量	
					绝对量（万吨）	%
全国总计	**1 828.2**	**7 294.4**	**39 898**	**26.7**	**223.1**	**3.16**
北京	5.8	26.8	46 366	-0.7	-4.2	-13.47
天津	3.6	20.5	56 777	-0.6	-2.3	-10.10
河北	76.1	412.9	54 250	1.9	17.9	4.54
山西	19.7	65.6	33 253	2.6	8.3	14.40
内蒙古	38.8	151.8	39 119	1.2	-5.1	-3.23
辽宁	23.7	136.8	57 797	1.7	5.8	4.40
吉林	30.7	118.8	38 694	1.5	15.8	15.29
黑龙江	34.4	132.4	38 463	2.3	1.2	0.94
上海	7.8	28.7	36 952	-0.4	-1.8	-5.82
江苏	96.9	404.5	41 745	0.7	17.9	4.63
浙江	76.4	237.2	31 063	-0.9	-0.9	-0.38
安徽	140.1	544.6	38 881	1.3	19.0	3.62
福建	29.6	71.0	23 992	0.7	3.0	4.38
江西	64.7	166.7	25 756	0.7	6.4	3.97
山东	207.4	1 109.2	53 479	1.7	4.1	0.37
河南	282.0	1 508.0	53 473	5.4	40.2	2.74
湖北	83.3	303.1	36 368	1.3	7.8	2.63
湖南	119.6	341.5	28 555	0.1	23.3	7.33
广东	31.7	88.9	28 003	0.8	4.5	5.39
广西	104.0	284.1	27 316	4.7	15.5	5.76
海南	16.7	52.1	31 211	-1.8	-12.9	-19.86
重庆	20.8	40.4	19 419	0.6	1.6	4.20
四川	39.6	107.2	27 058	-1.6	-3.7	-3.32
贵州	20.8	51.8	24 964	1.2	4.1	8.66
云南	18.1	48.9	27 005	-4.0	-10.4	-17.55
西藏	…	0.1	13 110	0.0	0.0	-38.73
陕西	57.7	211.7	36 716	4.8	24.4	13.01
甘肃	35.5	158.9	44 738	-1.6	2.8	1.79
青海	0.3	1.5	48 663	-0.2	-0.6	-30.68
宁夏	73.1	165.6	22 643	0.3	9.2	5.89
新疆	69.3	303.4	43 748	2.7	32.3	11.91

各地区甜瓜播种面积和产量

地区	播种面积（千公顷）	总产量（万吨）	每公顷产量（千克）	比上年增减		
				播种面积（千公顷）	总产量	
					绝对量（万吨）	%
全国总计	**423.1**	**1 433.7**	**33 889**	**12.7**	**102.1**	**7.67**
北京	0.4	1.4	37 235	…	-0.1	-5.26
天津	0.6	2.3	38 689	-0.2	-0.6	-20.24
河北	18.6	92.9	49 901	0.5	8.1	9.54
山西	6.4	13.4	21 096	1.0	2.6	23.89
内蒙古	22.6	75.1	33 186	1.0	11.6	18.25
辽宁	15.4	72.9	47 294	-0.2	3.0	4.26
吉林	20.6	52.2	25 387	0.1	0.1	0.25
黑龙江	23.0	77.3	33 576	2.9	14.5	23.03
上海	2.3	6.8	30 110	…	0.2	2.68
江苏	23.0	68.7	29 801	1.0	6.2	10.01
浙江	10.5	26.6	25 214	0.5	1.8	7.34
安徽	17.2	51.3	29 858	1.4	2.3	4.66
福建	4.1	9.0	21 908	-0.1	0.1	0.88
江西	7.1	14.4	20 379	0.8	1.8	14.06
山东	48.9	220.2	45 010	-0.6	9.9	4.71
河南	49.1	188.5	38 424	…	6.5	3.60
湖北	14.0	39.6	28 247	0.1	-1.3	-3.10
湖南	17.8	37.9	21 277	1.6	4.8	14.59
广东	4.3	10.4	23 947	-0.2	0.1	1.07
广西	12.9	26.0	20 138	0.7	1.2	4.75
海南	3.0	6.8	22 925	…	1.8	35.38
重庆	0.7	1.2	16 375	…	…	3.45
四川	1.1	1.8	16 254	…	0.1	6.11
贵州	2.2	2.4	10 594	0.1	-0.5	-16.23
云南	0.8	1.6	18 735	…	0.2	11.16
西藏						
陕西	14.8	53.2	35 866	-2.5	-4.1	-7.14
甘肃	6.3	26.3	41 522	1.1	4.9	22.76
青海						
宁夏	9.1	14.1	15 609	0.6	0.7	5.32
新疆	66.1	239.5	36 209	3.0	26.1	12.24

各地区草莓播种面积和产量

地　　区	播种面积（千公顷）	总产量（万吨）	每公顷产量（千克）	比上年增减		
				播种面积（千公顷）	总产量	
					绝对量（万吨）	%
全国总计	**109.94**	**299.8**	**27 265**	**9.4**	**23.7**	**8.57**
北　京	0.77	1.3	17 516	…	-0.2	-10.71
天　津	0.01	…	29 128	…	…	-35.15
河　北	12.40	40.4	32 610	0.1	0.7	1.79
山　西	0.21	0.5	25 720	…	…	-5.70
内蒙古	0.10	0.1	14 837	…	0.1	124.73
辽　宁	14.36	55.3	38 537	1.5	7.2	14.86
吉　林	0.93	1.5	16 267	-0.1	…	-0.55
黑龙江	2.79	6.2	22 254	0.1	0.2	4.06
上　海	1.07	2.2	20 279	0.1	0.3	14.63
江　苏	14.16	37.7	26 601	2.8	5.6	17.48
浙　江	5.27	11.7	22 193	0.3	1.0	8.84
安　徽	14.94	36.1	24 193	2.0	4.9	15.79
福　建	0.75	1.5	19 892	0.0	-0.1	-5.51
江　西	0.65	0.8	12 978	-0.3	-0.2	-20.16
山　东	15.79	59.5	37 708	-0.1	1.6	2.83
河　南	5.31	14.8	27 909	0.3	…	-0.21
湖　北	1.99	3.0	15 063	0.7	0.7	32.23
湖　南	4.33	4.8	10 986	0.5	0.5	10.62
广　东	0.98	1.9	19 011	0.1	0.3	21.15
广　西	0.57	0.7	12 873	0.1	0.1	8.10
海　南	0.04	0.1	16 956	…	…	25.49
重　庆	1.05	0.8	8 033	0.1	…	1.37
四　川	5.34	8.3	15 602	-0.3	-0.4	-4.42
贵　州	1.35	2.1	15 241	0.1	0.3	14.26
云　南	0.62	1.0	15 573	0.1	0.1	7.40
西　藏	0.03	…	7 392	…	…	12.39
陕　西	2.75	5.1	18 632	1.2	1.1	26.46
甘　肃	0.71	1.0	14 648	…	…	0.98
青　海	0.04	0.1	30 772	…	…	-21.63
宁　夏	0.03	…	18 407	-0.1	-0.2	-80.94
新　疆	0.60	0.8	14 115	0.3	0.3	42.42

各地区药材和其他作物播种面积

单位：千公顷

地区	药材	比上年增减（%）	其他作物	比上年增减（%）	青饲料	比上年增减(%)
全国总计	**1 821.6**	**16.74**	**5 414.0**	**-2.34**	**2 101.3**	**1.96**
北京	2.3	-8.35	8.8	-10.75	1.9	-27.76
天津	0.2		4.6	5.61	0.3	-53.17
河北	46.0	31.25	84.3	-0.40	59.7	-0.49
山西	30.8	10.94	26.2	14.78	17.1	-6.14
内蒙古	29.0	3.74	374.3	0.59	257.0	11.35
辽宁	35.6	13.40	28.4	-7.40	9.1	94.66
吉林	31.9	7.29	19.8	-76.42	1.4	-27.62
黑龙江	38.5	-18.67	94.7	-28.44	45.8	-14.22
上海	0.4	-9.76	56.2	28.00	5.0	-38.42
江苏	14.6	27.49	132.2	-2.75	30.0	3.20
浙江	31.9	2.24	91.6	-2.80	7.4	-3.44
安徽	81.9	4.00	106.2	-0.48	40.0	10.21
福建	21.5	40.54	125.2	-0.09	54.6	-0.63
江西	20.1	0.34	331.8	-0.82	80.2	6.46
山东	31.6	6.51	28.1	8.01	4.0	66.31
河南	121.2	1.25	114.1	-10.21	4.2	-10.66
湖北	143.6	4.03	442.2	-2.66	262.5	-2.71
湖南	67.9	8.50	537.3	0.98	202.6	0.51
广东	17.9	14.46	265.8	1.87	60.3	-3.12
广西	76.3	8.90	387.4	0.56	32.4	8.47
海南	6.2	7.67	43.1	-4.99	0.4	-22.93
重庆	107.4	6.41	108.5	-2.52	67.8	-3.61
四川	104.1	2.23	339.8	-2.93	193.9	-2.36
贵州	117.5	57.38	421.8	-2.41	162.9	6.75
云南	107.1	15.94	370.4	-0.86	168.1	-5.17
西藏		-100.00	24.2	-3.89	24.1	0.58
陕西	180.0	32.47	43.8	36.06	21.6	25.55
甘肃	233.6	23.21	139.3	-17.71	96.9	-1.84
青海	22.9	8.78	43.4	11.47	40.4	17.55
宁夏	54.7	406.23	126.3	4.93	75.5	4.84
新疆	42.0	54.70	494.0	3.36	74.1	21.78

全国茶叶、水果产量和面积增减情况（一）

项　　目	2013 年	2012 年	2013 年比 2012 年增减	
			绝对量	%
茶叶总产量（吨）	**1 924 457**	**1 789 753**	**134 705**	**7.53**
绿茶	1 313 362	1 247 827	65 535	5.25
青茶	236 773	217 879	18 894	8.67
红茶	159 967	132 416	27 551	20.81
黑茶	91 931	79 836	12 095	15.15
黄茶	200	179	21	11.93
白茶	12 002	10 244	1 758	17.16
其他茶	110 223	101 371	8 852	8.73
园林水果总产量（吨）	**157 712 591**	**151 044 383**	**6 668 209**	**4.41**
苹果	39 682 618	38 490 692	1 191 926	3.10
红富士	27 357 634	26 867 457	490 177	1.82
国光	1 850 043	1 897 579	-47 536	-2.51
梨	17 300 751	17 073 026	227 726	1.33
雪花梨	2 728 963	2 712 265	16 698	0.62
鸭梨	2 873 518	2 862 732	10 786	0.38
柑橘类	33 209 414	31 677 960	1 531 454	4.83
柑	10 402 784	10 231 756	171 028	1.67
橘	12 073 752	11 603 335	470 417	4.05
橙	6 382 947	5 915 558	467 388	7.90
柚	3 717 324	3 370 299	347 025	10.30
热带亚热带水果	19 265 485	18 052 438	1 213 047	6.72
香蕉	12 075 238	11 557 950	517 287	4.48
菠萝	1 386 361	1 287 095	99 266	7.71

全国茶叶、水果产量和面积增减情况（二）

项目	2013 年	2012 年	2013 年比 2012 年增减	
			绝对量	%
荔枝	2 022 505	1 906 878	115 627	6.06
龙眼	1 555 210	1 526 293	28 918	1.89
其他园林水果	48 250 975	45 746 765	2 504 210	5.47
桃	11 924 085	11 430 347	493 738	4.32
猕猴桃	1 765 847	1 452 767	313 080	21.55
葡萄	11 550 024	10 543 154	1 006 871	9.55
红枣	6 339 973	5 887 121	452 852	7.69
柿子	3 538 823	3 417 586	121 237	3.55
年末实有茶园面积（千公顷）	**2 468.8**	**2 279.9**	**189**	**8.29**
本年采摘面积	1 857.2	1 735.2	122	7.03
年末果园面积（千公顷）	**12 371.4**	**12 139.9**	**231**	**1.91**
苹果园	2 272.2	2 231.3	41	1.83
梨园	1 111.7	1 088.6	23	2.12
柑橘园	2 422.2	2 306.3	116	5.03
香蕉园	392.0	394.7	-3	-0.69
菠萝园	60.5	60.0	1	0.84
荔枝园	542.8	546.2	-3	-0.62
桃园	765.9	745.9	20	2.68
猕猴桃园	161.5	138.5	23	16.58
葡萄园	714.6	665.6	49	7.37

各地区茶叶产量和茶园面积（一）

地　区	茶叶总产量（吨）					
		绿　茶	青　茶	红　茶	黑　茶	黄　茶
全国总计	**1 924 457**	**1 313 362**	**236 773**	**159 967**	**91 931**	**200**
北　京						
天　津						
河　北						
山　西	5					
内蒙古						
辽　宁						
吉　林						
黑龙江						
上　海						
江　苏	13 862	11 905		1 948		
浙　江	168 602	162 711		1 321	3 047	
安　徽	100 949	93 608	220	5 168		
福　建	346 989	109 899	188 038	36 866		
江　西	43 112	34 116	1 366	4 915	30	7
山　东	15 740	15 740				
河　南	55 891	49 063		6 828		
湖　北	221 957	170 408	4 819	23 757	18 343	
湖　南	146 031	62 762	3 702	16 849	52 531	12
广　东	69 753	28 422	33 331	2 011		8
广　西	53 905	35 627	348	11 348	1 178	
海　南	1 028	583		419		
重　庆	34 221	26 816	35	3 128	1 894	
四　川	219 536	181 391	3 743	3 660	14 428	145
贵　州	89 403	77 736	385	1 472	480	28
云　南	301 736	210 871	786	40 278		
西　藏	40	5				
陕　西	40 656	40 656				
甘　肃	1 042	1 042				
青　海						
宁　夏						
新　疆						

各地区茶叶产量和茶园面积（二）

地区	茶叶总产量（吨）		年末实有			
	白茶	其他茶	茶园面积（千公顷）	比上年增长（%）	本年采摘面积	比上年增减（%）
全国总计	**12 002**	**110 223**	**2 468.8**	**8.29**	**1 857.2**	**7.03**
北京						
天津						
河北						
山西		5	…	-9.82	…	…
内蒙古						
辽宁						
吉林						
黑龙江						
上海						
江苏	5	4	34.0	-0.18	28.4	-1.39
浙江		1 523	184.0	0.55	167.9	2.00
安徽	78	1 875	155.3	3.76	135.0	3.04
福建	10 704	1 482	232.3	4.89	205.7	5.22
江西	389	2 289	72.6	10.84	55.0	10.19
山东			22.7	9.32	15.7	10.18
河南			97.7	11.48	79.0	7.43
湖北	246	4 384	291.8	12.16	205.4	8.47
湖南	5	10 170	115.5	6.10	91.1	4.91
广东		5 981	44.2	5.74	41.6	9.87
广西		5 404	62.9	13.08	53.5	13.87
海南		26	1.2	21.81	1.0	23.33
重庆		2 348	35.9	2.49	22.6	-12.43
四川	387	15 782	284.0	6.56	203.1	8.80
贵州	188	9 114	313.2	24.54	145.9	20.26
云南		49 802	400.6	2.79	327.7	6.16
西藏		35	0.2	37.50	0.1	…
陕西			109.7	12.98	74.0	6.99
甘肃			10.8	5.87	4.5	11.41
青海						
宁夏						
新疆						

各地区园林水果产量（一）

单位：吨

地区	园林水果总产量	比上年增减（%）	苹果	红富士	国光	梨	雪花梨
全国总计	**157 712 591**	**4.41**	**39 682 618**	**27 357 634**	**1 850 043**	**17 300 751**	**2 728 963**
北京	741 135	-6.87	87 330	73 336	6 824	147 628	26 014
天津	275 807	-9.93	47 644	39 354	252	36 911	7 390
河北	13 030 993	1.33	3 201 405	1 853 672	329 388	4 455 981	702 186
山西	6 309 604	3.97	3 962 213	2 987 863	46 828	587 586	63 539
内蒙古	634 519	14.45	151 700	4 915	29 965	61 285	573
辽宁	6 613 757	4.50	2 752 280	1 296 823	783 365	1 653 343	95 591
吉林	612 504	2.51	171 467	4 215	28 552	131 991	6 031
黑龙江	491 133	-13.44	140 649			28 238	
上海	370 113	-23.14	6			36 454	
江苏	2 745 801	-2.36	541 810	386 385	4 535	694 499	20 378
浙江	4 231 201	2.53				393 006	235 803
安徽	2 558 955	-2.08	360 488	198 010	4 817	979 468	46 278
福建	6 585 444	5.23	240			215 290	
江西	4 413 431	19.19				141 771	26 451
山东	16 015 350	5.10	9 304 735	7 732 105	205 870	1 271 992	151 364
河南	8 882 988	2.05	4 431 491	2 954 774	277 715	1 077 323	303 334
湖北	5 694 151	5.11	10 183		1 200	563 121	563 121
湖南	4 953 320	-10.55				164 504	
广东	13 687 294	7.01				80 534	
广西	11 226 347	8.89				277 292	
海南	3 425 421	2.36					
重庆	2 768 593	10.53	4 900			360 078	5 460
四川	7 187 296	3.51	518 661	162 287	15 824	962 939	307 470
贵州	1 057 386	17.41	32 498	18 563	2 172	240 888	18 906
云南	5 714 593	11.89	336 497	194 488	11 757	471 721	121 937
西藏	12 264	25.85	5 496	25	3	1 367	1
陕西	14 873 834	3.45	9 428 230	7 165 455	43 701	972 591	25 587
甘肃	3 913 660	8.80	2 695 952	1 700 234	2 413	362 772	235
青海	13 519	-4.05	5 382	1 740	815	4 147	
宁夏	845 236	5.03	510 528	258 665	48 583	12 974	1 314
新疆	7 826 942	6.24	980 834	324 725	5 464	913 058	

各地区园林水果产量（二）

单位：吨

地区	梨	柑橘类					热带亚热带水果	
	鸭梨		柑	橘	橙	柚		香蕉
全国总计	**2 873 518**	**33 209 414**	**10 402 784**	**12 073 752**	**6 382 947**	**3 717 324**	**19 265 485**	**12 075 238**
北京	32 709							
天津	3 817							
河北	1 910 751							
山西	28 490							
内蒙古	1 605							
辽宁	80 002							
吉林	8 303							
黑龙江								
上海		155 190		155 190				
江苏	19 892	47 340	28 145	17 304	110			
浙江	19 651	1 930 268	741 647	949 110	26 580	206 940		
安徽	20 585	35 381	928	33 318	812	12		
福建		3 234 653	611 829	1 002 901	267 258	1 313 401	1 944 724	915 058
江西	18 549	4 072 387	348 320	2 097 609	1 555 455	71 003		
山东	328 783							
河南	85 038	48 093		48 093				
湖北		4 003 942	1 824 481	1 662 259	400 526	116 676		
湖南	164 504	4 173 169	1 535 296	1 929 794	570 003	138 076		
广东		4 548 297	845 394	2 625 500	302 679	774 724	7 123 653	4 202 930
广西		4 230 414	2 472 360	206 675	1 004 819	546 560	3 912 135	2 476 969
海南		62 485	3 114	3 482	47 632	8 258	3 362 936	2 027 519
重庆	28 187	1 931 925	223 455	312 216	973 026	168 873	22 084	1 850
四川	72 690	3 436 160	1 162 356	551 831	1 104 999	328 634	174 433	40 307
贵州	15 736	254 817	95 941	79 904	37 198	30 094	12 562	5 621
云南	19 954	566 081	174 195	256 790	91 505	12 989	2 712 958	2 404 984
西藏		582		299				
陕西	11 915	476 854	333 948	141 477	345	1 084		
甘肃	146	1 376	1 376					
青海								
宁夏	2 211							
新疆								

各地区园林水果产量（三）

单位：吨

地　　区	热带亚热带水果			其他园林水果					
	菠　萝	荔　枝	龙　眼		桃	猕猴桃	葡　萄	红　枣	柿　子
全国总计	**1 386 361**	**2 022 505**	**1 555 210**	**48 250 975**	**11 924 085**	**1 765 847**	**11 550 024**	**6 339 973**	**3 538 823**
北　京				506 178	358 519	74	36 709	9 723	43 036
天　津				191 252	55 207		92 851	22 828	8 307
河　北				5 373 607	1 661 743	1 238	1 369 938	1 167 677	444 477
山　西				1 759 805	623 579	53	206 787	551 788	167 939
内蒙古				421 534	879		111 882	976	
辽　宁				2 208 135	599 570		816 325	210 632	
吉　林				309 046	1 285		147 787		
黑龙江				322 246			81 441		
上　海				178 463	71 161	1 234	100 604	1 163	984
江　苏				1 462 152	508 061	6 269	513 516	10 607	143 057
浙　江				1 907 927	393 217	30 555	659 478		51 371
安　徽				1 183 618	498 366	1 892	358 070	16 136	148 551
福　建	36 923	151 699	244 446	1 190 537	260 651	4 940	144 366	39	206 987
江　西				199 273	53 750	13 432	48 241		20 178
山　东				5 438 623	2 464 826	3 921	1 124 653	910 650	156 978
河　南				3 326 081	1 101 169	393 598	556 741	415 495	546 320
湖　北				1 116 905	724 857	20 990	236 845	33 855	66 092
湖　南				615 647	131 340	61 227	139 381	28 145	20 208
广　东	889 469	1 119 052	701 470	1 934 810	93 410				142 998
广　西	32 716	546 276	515 741	2 806 506	230 513	3 183	366 987	24 154	797 044
海　南	383 258	170 569	44 330						
重　庆		405	12 266	449 606	106 019	16 573	72 070	5 970	11 535
四　川		16 845	25 401	2 095 103	499 611	149 348	288 367	15 675	48 793
贵　州		513	467	516 621	147 350	22 097	140 549	2 036	14 582
云　南	43 995	17 146	11 090	1 627 336	231 077	1 070	659 351	18 742	80 140
西　藏				4 819	2 741		492		
陕　西				3 996 159	708 089	1 033 774	606 559	675 998	396 380
甘　肃				853 560	215 206	378	258 520	147 036	22 867
青　海				642	543		99		
宁　夏				321 734	31 026		172 158	76 988	
新　疆				5 933 050	150 320		2 239 257	1 993 660	

各地区果园面积（一）

单位：千公顷

地　　区	年末果园面　　积	比上年增减（%）	苹　果	梨	柑　橘
全国总计	**12 371.4**	**1.91**	**2 272.2**	**1 111.7**	**2 422.2**
北　　京	60.2	-3.66	7.2	8.7	
天　　津	34.2	1.31	5.0	4.6	
河　　北	1 063.5	1.12	237.4	195.2	
山　　西	348.3	1.75	154.1	36.0	
内 蒙 古	72.7	2.50	18.4	5.8	
辽　　宁	400.4	8.66	155.0	113.4	
吉　　林	52.7	-2.03	13.7	13.4	
黑 龙 江	34.2	-3.08	11.6	3.5	
上　　海	21.1	-1.16	…	2.0	6.7
江　　苏	222.1	5.84	33.0	39.1	3.0
浙　　江	321.4	-0.02		23.2	106.0
安　　徽	118.2	1.51	15.6	37.7	3.4
福　　建	539.2	0.80	…	22.1	183.9
江　　西	405.2	3.15		27.2	328.7
山　　东	633.9	6.30	303.4	45.6	…
河　　南	475.7	1.93	176.7	52.3	11.5
湖　　北	403.6	0.70	1.6	39.4	239.7
湖　　南	563.9	3.28		34.5	414.0
广　　东	1 119.8	1.78		8.0	298.1
广　　西	1 039.5	4.24		21.8	262.5
海　　南	171.1	-4.83		0.0	5.5
重　　庆	296.4	5.03	0.7	36.7	158.3
四　　川	613.5	0.86	32.7	80.8	272.0
贵　　州	228.1	18.23	9.2	49.4	50.4
云　　南	406.5	3.58	41.9	53.2	40.5
西　　藏	2.0	-2.48	1.1	0.1	…
陕　　西	1 193.9	2.90	665.2	49.3	37.6
甘　　肃	451.8	1.08	290.2	35.8	0.2
青　　海	6.8	-0.03	1.6	0.9	
宁　　夏	137.7	5.69	41.8	2.0	
新　　疆	934.0	-8.00	55.0	69.9	

各地区果园面积（二）

单位：千公顷

地　　区	年末果园面积					
	香　蕉	菠　萝	荔　枝	桃	猕猴桃	葡　萄
全国总计	**392.0**	**60.5**	**542.8**	**765.9**	**161.5**	**714.6**
北　　京				19.4	…	3.3
天　　津				3.7		4.8
河　　北				85.6	0.1	81.4
山　　西				24.4	…	11.1
内 蒙 古				0.1		9.2
辽　　宁				23.3		36.8
吉　　林						12.8
黑 龙 江						3.9
上　　海				5.9	0.3	5.2
江　　苏				40.3	0.8	34.1
浙　　江				25.9	5.2	27.2
安　　徽				30.6	0.5	14.8
福　　建	26.9	3.3	30.1	26.3	0.6	8.1
江　　西				10.0	2.9	4.6
山　　东				104.0	0.5	39.9
河　　南				76.4	10.3	32.4
湖　　北				53.3	11.9	10.0
湖　　南				28.8	13.0	25.6
广　　东	127.8	34.6	272.8	6.9		
广　　西	88.7	3.4	209.0	26.7	0.8	27.0
海　　南	53.2	15.3	22.4			
重　　庆	0.1		0.2	11.1	7.6	6.9
四　　川	1.4		4.6	47.7	34.1	26.7
贵　　州	1.5		0.4	28.8	11.6	16.6
云　　南	92.4	3.9	3.3	30.0	0.3	28.2
西　　藏				0.6		…
陕　　西				32.0	61.0	40.2
甘　　肃				11.8	…	25.8
青　　海				…		0.1
宁　　夏				2.0		33.4
新　　疆				10.4		144.8

全国热带、亚热带作物面积和产量

单位：千公顷

指　　标	全国总计					
		福　建	广　东	广　西	海　南	云　南
橡胶（按干胶片计算产量）						
年末实有面积	1 143.93		45.86	3.53	540.21	554.33
当年新植	26.63		1.66		16.25	8.70
收获面积	685.91		28.74	1.89	392.68	262.60
产量（吨）	864 806		17 387	999	420 816	425 604
咖啡豆（按干咖啡豆计算产量）						
年末实有面积	119.73				0.63	119.10
当年新植	23.87				0.14	23.73
收获面积	49.56				0.14	49.42
产量（吨）	116 826				242	116 585
椰子（按果实计算产量）						
年末实有面积	37.77		0.11		37.60	0.06
当年新植	0.20				0.18	
收获面积	29.92		0.10		29.80	
产量（万个）	25 462		62		25 359	41
腰果（按干果计算产量）						
年末实有面积	0.26				0.17	0.09
当年新植	0.06					0.06
收获面积	0.16				0.16	
产量（吨）	340				290	50
香料作物（折香料油）						
年末实有面积	5.63				0.1	5.56
当年新植	0.52					0.50
收获面积	4.49					4.46
产量（吨）	1 020		3	2	83	932
香茅草						
年末实有面积	3.23					3.23
当年新植	0.50					0.50
收获面积	2.61					2.61
产量（吨）	335		3			332
剑（番）麻（折纤维）						
年末实有面积	31.42		5.68	24.47	1.09	0.18
当年新植	0.80		0.36	0.40		
收获面积	23.91		4.99	17.90	1.02	
产量（吨）	109 704		35 084	70 649	3 971	

全国花卉产销情况

类　型	销售量		种植面积（公顷）	销售额（万元）	出口额（万美元）
	单位	数量			
合计			**1 227 126.4**	**12 881 124.7**	**64 621.0**
鲜切花类	万枝	2 564 754.1	65 127.6	1 345 058.0	37 412.7
鲜切花	万枝	1 906 441.7	51 348.9	1 222 555.8	33 639.9
鲜切叶	万枝	203 386.9	8 592.0	72 376.1	3 061.3
鲜切枝	万枝	454 925.5	5 186.7	50 126.2	711.5
盆栽植物类	万盆	555 501.8	103 952.6	2 815 012.8	11 320.1
盆栽植物	万盆	286 086.2	61 035.5	1 870 392.3	7 122.1
盆景	万盆	38 096.3	18 804.9	541 535.4	4 157.0
花坛植物	万盆	231 319.3	24 112.2	403 085.1	41.0
观赏苗木	万株	1 304 952.0	714 100.6	6 523 237.8	3 808.4
食用与药用花卉	千克	138 912 772.6	235 049.1	1 387 267.6	251.0
工业及其他用途花卉	吨	7 835 589.9	53 826.7	243 531.3	3 321.3
草坪	万平方米	181 830.2	37 402.4	227 924.8	
种子用花卉	千克	718 294.0	4 612.4	45 618.4	452.0
种苗用花卉	万株	808 302.6	8 828.2	214 994.8	6 979.5
种球用花卉	万粒	118 152.5	4 173.6	66 858.7	
干燥花			53.2	11 620.6	1 076.0

注：食用与药用花卉计算干重；工业及其他用途花卉计算鲜重。

全国花卉保护地栽培情况

单位：万平方米

项　目	合　计	温　室		大（中、小）棚	遮阴棚
			节能日光温室		
面积	133 482.1	36 096.5	16 652.0	55 145.2	42 240.4

全国花卉经营实体

项　目	单　位	2013 年	2012 年	2013 年比 2012 年增减	
				绝对量	%
花卉市场	个	3 533	3 276	257	7.84
花卉企业	个	83 338	68 878	14 460	20.99
大中型企业	个	15 403	14 189	1 214	8.56
花农	户	1 834 117	1 752 395	81 722	4.66
从业人员	人	5 505 708	4 935 268	570 440	11.56
专业技术人员	人	303 281	241 407	61 874	25.63

注：花卉大中型企业是指种植面积在 3 公顷以上或年营业额在 500 万元以上的企业。

全国主要花卉产销情况

品　种	种植面积（公顷）	销售量	销售额（万元）
主要鲜切花（万枝）	**54 756.4**	**1 651 983.3**	**1 193 394.1**
现代月季	14 316.0	487 589.0	297 409.9
香石竹	5 312.0	351 867.2	116 560.1
百合	9 988.7	171 933.0	429 493.8
唐菖蒲	4 896.6	59 533.9	37 469.3
菊花	8 474.6	212 913.0	124 832.1
非洲菊	6 204.2	262 940.6	114 267.2
主要盆栽植物（万盆）	**61 806.1**	**585 707.8**	**1 410 231.3**
凤梨类	7 033.4	75 077.4	218 990.7
兰花类	18 099.5	139 423.3	360 171.8
花烛属类	3 849.7	44 220.4	85 261.3
观叶芋类	5 698.9	98 540.6	88 635.7
杜鹃花类	1 111.3	2 691.1	34 665.3
中国兰花	1 294.3	18 154.7	98 464.4
蝴蝶兰类	672.0	6 150.8	37 321.1
主要盆景（万盆）	**5 217.8**	**8 435.6**	**117 665.5**
球根花卉（万盆）	**575.0**	**5 110.6**	**20 632.8**

三、畜 牧 业

全国主要畜产品生产情况

指　　标	单　位	2013 年	2012 年	2013 年比 2012 年增减	
				绝对数	%
大牲畜年末存栏	**万头**	**11 853.2**	**11 891.8**	**38.6**	**-0.32**
牛	万头	10 385.1	10 343.4	41.7	0.40
马	万匹	602.7	633.5	-30.7	-4.85
驴	万头	603.4	636.1	-32.8	-5.16
骡	万头	230.4	249.2	-18.9	-7.58
骆驼	万峰	31.6	29.5	2.1	7.06
猪年末存栏	**万头**	**47 411.3**	**47 592.2**	**-181.0**	**-0.38**
能繁母猪	万头	5 132.3	5 043.2	89.1	1.74
羊年末存栏	**万只**	**29 036.3**	**28 504.1**	**532.2**	**1.87**
山羊	万只	14 034.5	14 136.1	-101.6	-0.72
绵羊	万只	15 001.7	14 368.0	633.7	4.41
家禽年末存栏	**亿只**	**57.1**	**58.0**	**-0.9**	**-1.58**
猪出栏	**万头**	**71 557.3**	**69 789.5**	**1 767.8**	**2.53**
牛出栏	**万头**	**4 828.2**	**4 760.9**	**67.2**	**1.41**
羊出栏	**万只**	**27 586.8**	**27 099.6**	**487.2**	**1.80**
家禽出栏	**亿只**	**119.0**	**120.8**	**-1.7**	**-1.43**
肉类总产量	**万吨**	**8 535.0**	**8 387.2**	**147.8**	**1.76**
猪牛羊肉	万吨	6 574.4	6 405.9	168.4	2.63
猪肉	万吨	5 493.0	5 342.7	150.3	2.81
牛肉	万吨	673.2	662.3	10.9	1.65
羊肉	万吨	408.1	401.0	7.1	1.78
奶类	**万吨**	**3 649.5**	**3 875.4**	**-225.8**	**-5.83**
牛奶	万吨	3 531.4	3 743.6	-212.2	-5.67
绵羊毛	**吨**	**411 121.9**	**400 057.0**	**11 064.9**	**2.77**
细羊毛	吨	133 246.5	125 708.6	7 537.9	6.00
半细羊毛	吨	135 329.6	131 982.5	3 347.1	2.54
山羊毛	**吨**	**41 875.4**	**43 924.1**	**-2 048.7**	**-4.66**
禽蛋	**万吨**	**2 876.1**	**2 861.2**	**14.9**	**0.52**
蜂蜜	**万吨**	**45.0**	**44.8**	**0.2**	**0.42**

各地区主要畜禽出栏量

地　　区	猪（万头）	牛（万头）	羊（万只）	马（万匹）	驴（万头）	骡（万匹）	家禽（亿只）	兔（万只）
全国总计	**71 557.31**	**4 828.15**	**27 586.77**	**149.26**	**237.81**	**47.87**	**119.05**	**50 366.55**
北　京	314.39	11.24	70.76	0.03	0.26	0.02	0.85	11.23
天　津	381.68	19.05	64.92	0.01	0.12	0.01	0.80	11.52
河　北	3 452.00	325.25	2 105.10	10.72	30.10	10.02	5.86	3 306.64
山　西	786.16	36.07	446.22	0.51	3.98	1.79	0.73	514.86
内蒙古	931.94	320.16	5 401.05	29.54	45.74	7.85	1.14	625.82
辽　宁	2 785.80	287.16	734.32	8.07	51.23	5.50	7.55	134.41
吉　林	1 669.14	296.99	336.92	12.76	9.63	4.01	4.00	793.58
黑龙江	1 821.64	256.24	723.70	5.30	2.90	1.10	2.05	170.70
上　海	241.84	0.13	41.76				0.26	10.62
江　苏	3 049.56	17.29	703.87	0.13	1.15	0.29	8.01	4 041.68
浙　江	1 895.09	8.30	104.80				2.10	543.71
安　徽	2 971.53	122.09	1 045.02	0.02	0.41	…	7.24	233.39
福　建	2 092.05	25.58	150.44				3.39	1 883.06
江　西	3 150.26	133.26	72.12				4.45	366.62
山　东	4 797.66	443.41	2 967.34	0.89	4.42	0.77	18.37	6 244.22
河　南	5 996.87	535.50	2 032.40	7.91	15.85	2.84	9.43	4 140.11
湖　北	4 356.43	140.28	515.03	0.08	0.28	0.03	5.22	272.20
湖　南	5 902.32	155.84	657.60	0.11	0.39	0.04	4.13	671.81
广　东	3 744.79	58.36	49.91				10.41	298.01
广　西	3 456.72	148.22	205.58	2.85		0.01	8.22	649.59
海　南	610.50	27.30	79.10				1.50	19.09
重　庆	2 104.46	59.04	227.43	0.19	0.01	0.12	2.32	4 481.77
四　川	7 314.08	264.71	1 583.61	1.80	0.87	0.64	6.38	19 909.37
贵　州	1 832.28	115.22	205.39	12.15	0.03	0.76	0.97	151.39
云　南	3 323.66	275.72	792.40	9.97	5.94	5.82	2.00	109.53
西　藏	18.35	134.46	532.49	4.78	1.10	0.24	0.02	
陕　西	1 186.55	52.02	452.84	0.14	2.58	0.87	0.50	294.20
甘　肃	696.70	164.10	1 032.99	2.36	14.01	3.29	0.35	132.54
青　海	137.69	105.42	622.77	1.73	0.94	1.10	0.04	90.28
宁　夏	95.59	59.49	521.40	0.09	2.85	0.51	0.12	30.14
新　疆	439.57	230.26	3 107.49	37.12	43.01	0.23	0.64	224.44

各地区主要牲畜年末存栏情况（一）

地　区	大牲畜（万头）		牛（万头）			马（万匹）	驴（万头）	骡（万头）
		役　畜		肉　牛	奶　牛			
全国总计	**11 853.2**	**2 891.8**	**10 385.1**	**6 838.6**	**1 441.0**	**602.7**	**603.4**	**230.4**
北　京	21.1	0.3	20.4	5.9	14.4	0.2	0.4	0.1
天　津	28.8	0.3	28.3	13.1	15.1	0.1	0.3	0.1
河　北	482.5	85.6	390.7	149.7	191.2	18.1	53.6	20.2
山　西	123.9	43.6	94.8	37.7	32.1	1.5	15.6	11.9
内蒙古	819.6	97.7	612.4	369.9	229.2	76.6	90.9	26.4
辽　宁	515.5	75.9	365.4	327.1	30.5	22.2	111.9	16.1
吉　林	503.1	71.2	437.6	408.6	23.2	34.7	22.2	8.5
黑龙江	531.7	30.1	495.4	298.5	191.7	24.6	8.4	3.3
上　海	5.9	0.1	5.9	…	5.8			
江　苏	34.5	6.5	30.4	7.7	20.4	0.3	2.8	1.0
浙　江	17.5	1.4	17.5	10.9	5.2			
安　徽	155.7	13.3	155.1	130.8	11.1	0.1	0.4	0.1
福　建	68.9	31.6	68.9	32.3	5.0	…		
江　西	301.1	52.3	301.1	241.3	7.5			
山　东	514.4	47.7	500.1	328.5	125.0	3.0	9.8	1.6
河　南	936.8	205.0	905.1	610.1	100.7	11.2	16.7	3.8
湖　北	345.3	117.9	344.1	220.4	6.3	0.6	0.4	0.2
湖　南	448.2	107.0	442.9	325.0	14.4	4.4	0.7	0.2
广　东	238.2	114.7	238.2	117.7	5.8	…		
广　西	495.1	392.4	457.0	98.4	4.7	33.6	0.1	4.5
海　南	84.3	37.3	84.3	46.9	0.1			
重　庆	139.7	43.4	136.7	93.3	2.0	1.8	0.3	0.9
四　川	1 050.7	490.4	949.7	487.9	19.4	83.0	7.9	10.1
贵　州	536.9	250.3	460.6	254.3	4.0	73.4	0.2	2.7
云　南	881.7	156.3	730.4	658.9	15.1	58.6	33.6	59.1
西　藏	659.4	154.6	617.9	467.5	37.2	32.1	7.8	1.6
陕　西	160.9	14.1	143.1	95.2	46.5	0.7	13.0	4.0
甘　肃	597.2	64.8	432.1	402.1	29.4	14.9	103.9	44.1
青　海	484.7	20.9	452.2	423.6	28.6	19.4	5.2	6.9
宁　夏	105.3	5.8	95.8	61.7	34.1	0.2	6.8	2.4
新　疆	564.9	159.4	371.1	113.5	185.3	87.5	90.3	0.9

各地区主要牲畜年末存栏情况（二）

地　　区	骆驼（万峰）	猪（万头）	能繁母猪（万头）	羊（万只）			家禽（万只）
					山　羊	绵　羊	
全国总计	**31.6**	**47 411.3**	**5 132.3**	**29 036.3**	**14 034.5**	**15 001.7**	**571 273.3**
北　京		189.2	24.1	59.5	15.8	43.7	2 524.9
天　津		201.0	25.5	45.4	5.5	39.9	2 748.0
河　北		1 932.9	197.2	1 455.1	450.9	1 004.2	37 206.4
山　西	…	502.2	58.0	878.0	387.4	490.5	9 294.5
内蒙古	13.2	684.5	90.1	5 239.2	1 511.9	3 727.3	4 940.5
辽　宁		1 624.5	222.2	735.4	401.0	334.4	41 015.5
吉　林		1 001.2	124.2	396.2	55.1	341.1	15 241.3
黑龙江		1 356.7	142.0	817.8	247.1	570.7	14 158.5
上　海		184.8	15.6	26.1	24.9	1.2	1 100.5
江　苏		1 787.3	154.3	403.1	393.6	9.5	31 689.5
浙　江		1 287.5	115.6	110.0	41.7	68.3	10 348.5
安　徽		1 612.6	142.9	605.3	604.2	1.1	24 717.6
福　建		1 296.2	130.9	115.8	115.8		9 937.9
江　西		1 708.0	180.4	56.2	56.2		20 242.4
山　东		2 931.4	338.9	2 158.1	1 600.3	557.7	62 103.9
河　南		4 426.7	491.0	1 830.3	1 752.6	77.7	68 100.2
湖　北		2 566.1	264.5	462.9	462.8	0.2	33 105.5
湖　南		4 096.9	435.8	512.5	512.5		29 920.5
广　东		2 282.6	253.6	39.3	39.3		32 262.1
广　西		2 471.5	296.7	202.2	202.2		30 625.4
海　南		433.8	62.6	68.3	68.3		5 270.3
重　庆		1 502.3	149.5	185.2	185.1	0.2	12 921.6
四　川		5 004.1	513.9	1 689.2	1 460.9	228.3	35 789.5
贵　州		1 604.1	167.4	299.6	284.6	15.0	8 154.7
云　南		2 708.7	307.8	929.1	845.5	83.5	12 131.4
西　藏		37.0	11.9	1 558.6	563.4	995.3	155.8
陕　西		897.9	89.4	638.8	526.4	112.4	6 708.4
甘　肃	2.2	608.9	69.4	1 825.4	398.5	1 426.9	3 688.5
青　海	1.1	120.8	14.1	1 460.2	191.8	1 268.5	268.5
宁　夏	…	75.3	10.1	570.1	103.2	466.9	1 032.3
新　疆	15.0	274.7	32.7	3 663.2	525.8	3 137.4	3 869.0

各地区牧业主要产品产量（一）

单位：万吨

地区	肉类总产量	猪牛羊肉			
			猪肉	牛肉	羊肉
全国总计	**8 535.02**	**6 574.37**	**5 493.03**	**673.21**	**408.14**
北京	41.80	27.87	24.63	2.05	1.19
天津	46.48	34.59	29.82	3.28	1.49
河北	448.78	346.64	265.29	52.30	29.05
山西	83.21	72.57	61.17	5.20	6.20
内蒙古	244.90	213.94	73.35	51.79	88.80
辽宁	420.12	284.94	233.64	43.24	8.05
吉林	262.66	185.60	136.31	45.05	4.24
黑龙江	221.28	184.92	133.36	39.73	11.82
上海	23.75	18.89	18.33		0.56
江苏	383.23	240.84	229.86	3.19	7.79
浙江	174.27	141.58	138.76	1.13	1.69
安徽	403.83	286.56	253.42	18.15	15.00
福建	211.21	162.46	157.75	2.64	2.07
江西	321.93	258.94	245.12	12.69	1.12
山东	774.77	494.48	392.89	67.90	33.69
河南	699.05	559.44	454.13	80.56	24.76
湖北	430.08	358.98	330.60	20.17	8.22
湖南	519.23	459.49	430.59	18.19	10.70
广东	435.23	285.63	277.77	6.97	0.89
广西	420.02	278.91	261.34	14.33	3.24
海南	82.85	54.16	50.48	2.62	1.06
重庆	207.85	165.56	154.95	7.62	2.99
四川	690.39	566.47	510.83	31.09	24.55
贵州	199.74	181.37	163.73	14.13	3.51
云南	359.40	321.76	275.96	31.80	14.00
西藏	26.82	26.01	1.50	15.94	8.57
陕西	112.56	102.90	88.34	7.52	7.04
甘肃	91.01	84.52	50.79	17.16	16.57
青海	31.81	30.71	9.90	10.28	10.53
宁夏	27.37	24.80	7.09	8.67	9.04
新疆	139.40	118.86	31.33	37.82	49.71

各地区牧业主要产品产量（二）

单位：万吨

地区	禽肉	奶类	牛奶	禽蛋	蜂蜜（吨）	山羊毛（吨）
全国总计	**1 798.40**	**3 649.52**	**3 531.42**	**2 876.06**	**45.03**	**59 989.2**
北京	13.80	61.46	61.46	17.50	0.28	91.7
天津	11.33	68.53	68.24	18.89	0.01	2.9
河北	86.60	465.66	458.00	346.06	1.21	3 825.0
山西	9.09	87.21	86.21	79.85	0.46	2 153.3
内蒙古	22.33	778.55	767.30	55.09	0.24	18 055.0
辽宁	128.08	125.74	120.88	276.82	0.12	2 554.1
吉林	70.32	48.34	47.58	97.70	1.53	526.0
黑龙江	34.10	522.52	518.23	102.70	1.80	2 089.0
上海	4.12	26.53	26.53	5.66	0.11	136.8
江苏	131.93	59.89	59.89	197.87	0.41	10.0
浙江	31.52	18.21	18.21	43.09	8.00	282.5
安徽	115.97	25.34	25.34	124.53	2.01	94.0
福建	45.55	15.30	14.93	25.04	1.09	
江西	61.20	12.25	12.25	46.12	1.39	
山东	268.80	281.22	271.43	396.21	0.62	4 737.0
河南	122.32	328.77	316.42	410.23	9.91	7 100.0
湖北	70.11	15.78	15.40	145.05	2.33	73.8
湖南	57.40	8.90	8.90	95.60	1.18	6.0
广东	143.02	14.06	13.76	32.31	1.77	4.0
广西	135.32	9.56	9.56	22.71	1.24	
海南	25.96	0.23	0.23	3.81	0.07	
重庆	35.78	6.80	6.80	41.09	1.57	2.0
四川	95.63	71.12	70.63	145.20	4.54	729.0
贵州	15.48	5.45	5.45	15.44	0.25	59.0
云南	35.68	59.30	54.51	23.24	0.73	643.0
西藏	0.18	32.97	26.97	0.47	0.01	1 748.3
陕西	8.10	188.55	141.09	55.40	0.53	4 827.5
甘肃	4.28	39.15	38.50	14.50	0.12	2 403.0
青海	0.72	28.74	27.55	2.26	0.15	1 380.0
宁夏	2.22	104.19	104.19	7.44	0.10	1 320.0
新疆	11.46	139.19	134.99	28.17	1.28	5 136.3

各地区牧业主要产品产量（三）

单位：吨

地 区	绵羊毛			羊 绒	蚕 茧		
		细羊毛	半细羊毛			桑蚕茧	柞蚕茧
全国总计	**411 121.9**	**133 246.5**	**135 329.6**	**18 113.8**	**891 810.3**	**816 564.7**	**75 245.6**
北 京	270.7	21.0	43.3	33.4			
天 津	574.9	126.0	448.9				
河 北	33 105.0	5 192.0	19 327.0	830.0	1 324.0	574.0	750.0
山 西	8 184.7	2 992.6	3 411.2	787.2	6 226.5	6 226.5	
内蒙古	110 532.0	54 193.0	19 681.0	7 901.0	7 707.0	…	7 707.0
辽 宁	14 987.9	3 846.0	10 985.6	995.9	51 751.0	77.0	51 674.0
吉 林	18 972.0	13 376.0	5 519.0	157.0	2 668.0		2 668.0
黑龙江	32 129.0	5 281.0	23 790.0	494.0	5 276.0		5 276.0
上 海	11.3						
江 苏	345.0	85.0	260.0		59 039.0	59 039.0	
浙 江	1 971.6		1 971.6		55 192.0	55 192.0	
安 徽	158.9	96.9	62.0	10.3	32 247.0	32 247.0	
福 建					1.0	1.0	
江 西					6 880.0	6 866.0	14.0
山 东	9 640.4	1 884.9	5 600.0	806.0	30 953.8	30 854.2	99.6
河 南	8 263.0	944.0	4 854.0	887.0	25 054.0	18 108.0	6 946.0
湖 北	3.6		3.6	0.4	7 723.2	7 618.2	105.0
湖 南				1.0	267.0	267.0	
广 东					102 048.0	102 048.0	
广 西					323 448.0	323 448.0	
海 南					476.3	476.3	
重 庆	4.0		4.0		18 161.0	18 161.0	
四 川	6 106.0	1 671.0	3 243.0	33.8	112 919.0	112 919.0	
贵 州	462.5	104.7	288.3	1.0	430.5	427.5	3.0
云 南	1 741.5	161.0	1 487.9	10.6	28 130.0	28 127.0	3.0
西 藏	8 027.9	369.4	2 885.2	923.0			
陕 西	6 854.0	2 634.0	2 581.0	1 714.0	13 427.0	13 427.0	
甘 肃	29 991.0	9 602.0	6 390.0	400.0	461.0	461.0	
青 海	17 928.0	444.0	6 699.0	425.0			
宁 夏	9 237.0	1 648.0	2 107.0	476.0			
新 疆	91 620.0	28 574.0	13 687.0	1 227.3			

四、饲料工业

各地区饲料生产情况

地　　区	饲料总产量（万吨）	配合饲料	浓缩饲料	添加剂预混合饲料
全国总计	**19 340.11**	**16 307.90**	**2 398.49**	**633.72**
北　　京	269.36	180.24	39.00	50.12
天　　津	260.71	168.58	64.42	27.71
河　　北	1 145.32	932.35	198.18	14.79
山　　西	287.86	196.73	86.38	4.75
内 蒙 古	295.18	203.08	87.48	4.62
辽　　宁	1 285.41	913.55	350.36	21.49
吉　　林	465.62	312.16	148.78	4.68
黑 龙 江	677.83	334.66	316.10	27.07
上　　海	155.21	117.15	14.67	23.40
江　　苏	976.66	913.60	35.21	27.84
浙　　江	555.00	533.39	6.41	15.19
安　　徽	488.71	453.86	22.64	12.22
福　　建	773.07	718.70	24.94	29.42
江　　西	665.77	584.82	23.58	57.37
山　　东	2 066.84	1 866.46	126.82	73.55
河　　南	1 288.28	1 062.93	195.19	30.17
湖　　北	631.17	590.73	27.76	12.68
湖　　南	1 076.35	948.85	64.40	63.10
广　　东	2 250.55	2 157.96	35.51	57.09
广　　西	1 015.93	977.65	26.93	11.36
海　　南	204.39	201.13	0.34	2.92
重　　庆	201.50	175.05	23.90	2.55
四　　川	1 027.91	902.20	94.97	30.73
贵　　州	84.62	52.47	32.10	0.05
云　　南	374.85	273.09	96.79	4.97
西　　藏				
陕　　西	441.48	259.43	164.34	17.71
甘　　肃	135.14	85.53	48.89	0.72
青　　海	12.94	12.65	0.12	0.18
宁　　夏	70.61	42.96	26.08	1.56
新　　疆	155.83	135.94	16.18	3.71

各地区配合饲料生产情况

单位：万吨

地　区	配合饲料						
		猪饲料	蛋禽饲料	肉禽饲料	水产饲料	精料补充料	其他饲料
全国总计	**16 307.90**	**6 629.29**	**2 425.24**	**4 618.65**	**1 832.80**	**559.12**	**242.81**
北　京	180.24	39.47	21.97	66.50	8.91	30.30	13.08
天　津	168.58	46.18	12.01	33.54	46.76	23.92	6.17
河　北	932.35	207.95	475.52	106.76	62.63	69.24	10.26
山　西	196.73	54.37	60.02	60.80	0.22	21.21	0.12
内蒙古	203.08	20.70	31.36	25.18	1.71	114.26	9.87
辽　宁	913.55	202.79	312.19	271.81	58.66	40.05	28.06
吉　林	312.16	66.06	120.52	89.28	4.31	13.14	18.84
黑龙江	334.66	111.32	65.14	49.70	17.60	63.10	27.80
上　海	117.15	34.81	37.93	30.52	7.60	5.75	0.54
江　苏	913.60	234.09	121.22	242.54	292.56	8.53	14.67
浙　江	533.39	270.12	53.03	99.01	98.69	1.29	11.25
安　徽	453.86	124.48	64.42	233.19	26.84	0.67	4.25
福　建	718.70	365.50	58.82	184.18	97.66	0.07	12.47
江　西	584.82	421.65	47.70	57.19	55.27	1.19	1.82
山　东	1 866.46	482.22	130.91	1 117.84	51.84	43.22	40.44
河　南	1 062.93	579.27	140.19	281.15	46.65	9.75	5.91
湖　北	590.73	209.48	104.67	87.91	188.56	0.07	0.04
湖　南	948.85	651.05	86.66	93.57	114.13	0.14	3.29
广　东	2 157.96	970.66	122.03	664.39	384.42	2.01	14.46
广　西	977.65	540.53	35.50	352.65	48.91		0.06
海　南	201.13	79.21	16.47	67.14	37.82		0.48
重　庆	175.05	93.05	22.14	40.85	12.63	4.59	1.79
四　川	902.20	520.37	109.74	181.23	73.40	10.38	7.08
贵　州	52.47	20.65	6.06	16.20	6.02	2.50	1.03
云　南	273.09	83.36	59.07	87.25	40.15	1.74	1.52
西　藏							
陕　西	259.43	129.49	54.48	25.44	28.38	17.08	4.55
甘　肃	85.53	39.24	16.87	10.03	1.35	17.02	1.02
青　海	12.65	4.77				7.32	0.56
宁　夏	42.96	6.38	4.82	4.82	6.47	20.47	
新　疆	135.94	20.04	33.78	37.98	12.68	30.10	1.37

各地区浓缩饲料生产情况

单位：万吨

地区	浓缩饲料						
		猪饲料	蛋禽饲料	肉禽饲料	水产饲料	反刍动物饲料	其他饲料
全国总计	**2 398.49**	**1 406.95**	**470.23**	**282.05**	**7.16**	**209.76**	**22.35**
北京	39.00	31.43	1.17		0.26	5.35	0.79
天津	64.42	49.42	4.63	1.66	0.03	8.46	0.21
河北	198.18	69.20	90.45	17.18		18.52	2.84
山西	86.38	51.37	25.50	4.03	0.03	5.44	0.01
内蒙古	87.48	26.17	11.44	1.86		47.17	0.85
辽宁	350.36	136.45	89.93	111.96	0.04	9.92	2.06
吉林	148.78	83.21	24.94	26.88	1.98	11.66	0.10
黑龙江	316.10	118.10	75.80	61.70		50.30	10.20
上海	14.67	13.74	0.01	0.02		0.42	0.48
江苏	35.21	34.03	0.42	0.23	0.03	0.19	0.31
浙江	6.41	5.82	0.05	0.06	0.49		…
安徽	22.64	21.92	0.16	0.31	0.09		0.16
福建	24.94	24.68	…		0.01	0.26	
江西	23.58	19.58	2.00	2.00			
山东	126.82	110.81	9.92	2.67	…	3.38	0.03
河南	195.19	139.79	38.21	12.53		3.81	0.85
湖北	27.76	21.63	2.72	3.11	0.30		
湖南	64.40	63.17	0.46	0.57		0.08	0.12
广东	35.51	32.46	0.08	1.10	0.52	0.02	1.33
广西	26.93	23.53	0.62	2.77	0.01	0.01	
海南	0.34	0.11	0.08	0.15			
重庆	23.90	18.20	5.00	0.07	0.04	0.59	
四川	94.97	92.09	2.06	0.12		0.66	0.05
贵州	32.10	30.74	0.57	0.59		0.01	0.20
云南	96.79	90.44	1.88	4.08	0.10	0.22	0.08
西藏							
陕西	164.34	58.14	60.51	16.43	0.08	27.57	1.60
甘肃	48.89	25.47	12.11	4.02	0.01	7.20	0.08
青海	0.12	…				0.12	
宁夏	26.08	7.16	4.12	4.47	3.14	7.19	
新疆	16.18	8.10	5.36	1.49	0.01	1.21	…

各地区添加剂预混合饲料生产情况

单位：万吨

地区	添加剂预混合饲料	猪饲料	蛋禽饲料	肉禽饲料	水产饲料	反刍动物饲料	其他饲料
全国总计	**633.72**	**375.09**	**139.45**	**46.39**	**24.26**	**26.17**	**22.35**
北京	50.12	26.06	15.66	1.07	1.68	4.22	1.43
天津	27.71	13.49	10.09	0.73	0.34	2.75	0.30
河北	14.79	5.61	6.16	0.97	0.17	1.27	0.60
山西	4.75	2.07	1.88	0.30	0.01	0.49	…
内蒙古	4.62	0.79	0.15	0.21		2.35	1.12
辽宁	21.49	10.35	6.85	1.65	0.45	0.30	1.88
吉林	4.68	1.97	1.38	1.34			
黑龙江	27.07	11.80	6.13	4.31			
上海	23.40	13.82	3.89	1.21	0.36	1.64	2.49
江苏	27.84	13.42	11.07	1.91	0.64	0.34	0.45
浙江	15.19	10.92	1.59	1.19	0.64	…	0.85
安徽	12.22	7.36	3.16	0.78	0.02	0.49	0.40
福建	29.42	27.76	0.63	0.22	0.73	…	0.08
江西	57.37	45.10	5.03	5.02	1.02	…	1.00
山东	73.55	20.26	38.63	10.14	0.58	1.08	2.86
河南	30.17	18.48	7.12	1.90	0.09	2.57	0.01
湖北	12.68	7.40	3.21	0.80	1.27		
湖南	63.10	58.20	2.62	0.90	0.42	0.07	0.88
广东	57.09	40.21	2.07	4.57	6.26	0.01	3.96
广西	11.36	8.03	0.52	2.60	0.11	0.01	0.10
海南	2.92	0.42	0.42	0.45	1.62		
重庆	2.55	2.40	0.03	0.04	0.02	0.06	…
四川	30.73	19.17	2.39	1.62	6.24	0.76	0.55
贵州	0.05	0.05					
云南	4.97	2.09	1.51	0.15	0.05	0.05	1.12
西藏							
陕西	17.71	5.75	6.32	1.88	1.27	1.66	0.83
甘肃	0.72	0.34	0.02	0.01		0.35	
青海	0.18	0.01		…		0.16	
宁夏	1.56	0.53	0.31	0.21		0.51	
新疆	3.71	1.24	0.61	0.21	0.16	1.35	0.14

五、渔　　业

各地区渔业乡、村及渔业人口

地　区	渔业乡（个）	渔业村（个）	渔业户（户）	渔业人口（人）	传统渔民
全国总计	**744**	**8 703**	**5 138 135**	**20 659 375**	**7 124 552**
北　京	17	59	6 681	26 895	11 149
天　津		7	13 097	55 432	17 150
河　北	39	263	69 715	289 248	169 622
山　西			1 288	6 689	
内蒙古	4	32	8 640	43 446	6 965
辽　宁	130	698	200 861	780 153	441 081
吉　林	1	4	22 093	83 452	958
黑龙江			58 740	223 435	178 748
上　海		20	10 803	41 115	12 689
江　苏	40	442	344 932	1 482 549	456 944
浙　江	82	748	336 235	1 130 419	458 518
安　徽	12	206	209 625	880 951	302 677
福　建	53	609	433 139	1 753 323	912 471
江　西	28	362	336 282	1 552 448	334 995
山　东	96	1 346	478 848	1 852 369	677 283
河　南	28	612	144 382	579 323	41 009
湖　北	51	889	519 922	1 803 592	753 578
湖　南	5	275	280 268	1 261 489	183 492
广　东	84	965	519 489	2 403 481	1 080 454
广　西	6	209	234 071	1 024 461	326 911
海　南	29	436	94 092	487 374	258 874
重　庆		10	157 310	508 567	115 865
四　川	35	170	483 367	1 659 160	224 060
贵　州		15	71 235	266 448	48 351
云　南	1	12	72 535	332 580	89 097
西　藏		2	93	298	141
陕　西	2	308	20 105	81 273	14 088
甘　肃			2 345	10 731	1 453
青　海			100	811	
宁　夏			3 781	19 167	
新　疆	1	4	4 061	18 696	5 929

各地区渔业从业人员

单位：人

地　区	从业人员	专业从业人员			
			捕　捞	养　殖	其　他
全国总计	**14 430 576**	**7 886 147**	**1 802 272**	**5 191 739**	**892 136**
北　京	18 964	11 067	627	8 344	2 096
天　津	38 397	20 251	5 402	13 858	991
河　北	244 041	125 441	45 793	62 173	17 475
山　西	5 886	3 309	279	2 785	245
内蒙古	29 856	18 261	6 319	10 101	1 841
辽　宁	592 040	390 150	136 512	216 931	36 707
吉　林	67 647	18 260	3 910	12 987	1 363
黑龙江	135 446	96 041	23 115	63 481	9 445
上　海	26 513	24 164	8 066	16 098	
江　苏	1 154 484	698 670	172 923	484 765	40 982
浙　江	792 776	505 555	175 431	212 415	117 709
安　徽	688 257	344 177	64 933	246 163	33 081
福　建	963 601	580 870	210 977	300 344	69 549
江　西	958 874	432 726	60 540	315 253	56 933
山　东	1 483 643	735 928	196 598	355 656	183 674
河　南	468 488	218 295	30 687	161 130	26 478
湖　北	1 289 998	895 301	87 552	759 648	48 101
湖　南	919 452	444 276	55 041	359 570	29 665
广　东	1 319 024	865 902	269 457	531 618	64 827
广　西	815 303	423 207	70 351	310 725	42 131
海　南	244 244	188 119	111 337	52 712	24 070
重　庆	389 765	200 643	16 834	168 721	15 088
四　川	1 153 529	383 237	24 840	309 383	49 014
贵　州	245 766	105 632	7 480	88 278	9 874
云　南	289 428	103 668	13 404	83 390	6 874
西　藏	141	86	86		
陕　西	54 067	30 072	1 871	25 591	2 610
甘　肃	8 374	2 834		2 760	74
青　海	811	278		212	66
宁　夏	18 006	10 706	502	9 483	721
新　疆	13 755	9 021	1 405	7 164	452

沿海地区海洋渔业乡、村及渔业人口

地　　区	渔业乡（个）	渔业村（个）	渔业户（户）	渔业人口（人）	
					传统渔民
全国总计	**377**	**3 732**	**1 457 056**	**5 903 517**	
天　　津		6	3 164	11 797	7 264
河　　北	12	83	39 228	157 268	117 403
辽　　宁	78	380	136 143	534 158	313 506
上　　海		6	909	11 029	4 027
江　　苏	12	101	42 457	264 614	95 236
浙　　江	72	580	223 048	687 678	319 559
福　　建	52	580	354 985	1 423 706	818 839
山　　东	62	874	291 700	1 043 297	394 337
广　　东	65	627	224 030	1 066 055	710 003
广　　西	5	110	64 828	309 845	87 652
海　　南	19	385	76 564	393 542	258 208

沿海地区海洋渔业从业人员

地　　区	从业人员	专业从业人员			
			捕　捞	养　殖	其　他
全国总计	**3 906 874**	**2 411 364**	**1 089 526**	**925 374**	**396 464**
天　　津	6 433	3 501	1 700	1 210	591
河　　北	145 066	69 615	31 262	27 022	11 331
辽　　宁	386 466	261 039	119 026	115 380	26 633
上　　海	5 004	4 885	4 885		
江　　苏	183 289	106 120	57 317	40 994	7 809
浙　　江	405 172	288 589	148 525	61 244	78 820
福　　建	758 564	482 510	197 323	223 259	61 928
山　　东	1 011 611	442 467	137 859	166 395	138 213
广　　东	547 474	413 139	243 726	129 310	40 103
广　　西	257 523	173 295	38 393	124 304	10 598
海　　南	200 096	166 028	109 350	36 256	20 422

全国水产品产量增减情况

单位：吨

指　　标	2013 年	2012 年	2013 年比 2012 年增减	
			绝对数	增减%
水产品总产量	**61 720 029**	**59 076 760**	**2 643 269**	**4.47**
海水产品	31 388 253	30 333 437	1 054 816	3.48
淡水产品	30 331 776	28 743 323	1 588 453	5.53
养殖产量	45 416 802	42 883 553	2 533 249	5.91
海水养殖	17 392 453	16 438 105	954 348	5.81
淡水养殖	28 024 349	26 445 448	1 578 901	5.97
捕捞产量	16 303 227	16 193 207	110 020	0.68
海洋捕捞	12 643 822	12 671 891	-28 069	-0.22
远洋渔业	1 351 978	1 223 441	128 537	10.51
淡水捕捞	2 307 427	2 297 875	9 552	0.42
养殖产品中：				
鱼类	25 940 887	24 369 533	1 571 354	6.45
甲壳类	3 769 655	3 592 588	177 067	4.93
贝类	12 983 793	12 343 169	640 624	5.19
藻类	1 864 993	1 772 689	92 304	5.21
其他类	857 474	805 574	51 900	6.44
捕捞产品中：				
鱼类	10 378 868	10 394 482	-15 614	-0.15
甲壳类	2 626 083	2 551 297	74 786	2.93
贝类	819 828	844 197	-24 369	-2.89
藻类	28 301	25 764	2 537	9.85
头足类	664 285	698 909	-34 624	-4.95
其他类	433 884	455 117	-21 233	-4.67

各地区水产品产量及增减情况（一）

单位：万吨

地区	总产量	养殖产品	海水	淡水	捕捞产品	海洋	远洋	淡水
全国总计	**6 172.00**	**4 541.68**	**1 739.25**	**2 802.43**	**1 630.32**	**1 264.38**	**135.20**	**230.74**
北京	6.36	5.29		5.29	1.07		0.70	0.37
天津	39.86	31.98	1.23	30.75	7.88	5.34	1.30	1.23
河北	123.06	90.25	45.23	45.02	32.81	23.05		9.76
山西	4.56	4.45		4.45	0.11			0.11
内蒙古	14.13	11.03		11.03	3.10			3.10
辽宁	505.03	371.23	282.76	88.47	133.79	107.93	20.44	5.42
吉林	18.58	16.50		16.50	2.09			2.09
黑龙江	48.86	43.71		43.71	5.16			5.16
上海	28.88	16.01		16.01	12.87	1.96	10.52	0.38
江苏	509.38	419.20	93.87	325.32	90.19	55.38	1.95	32.85
浙江	550.82	185.22	87.17	98.05	365.60	319.20	36.82	9.58
安徽	215.53	183.03		183.03	32.50			32.50
福建	658.48	433.19	354.90	78.29	225.29	193.73	23.05	8.51
江西	242.65	216.58		216.58	26.06			26.06
山东	863.16	606.11	456.64	149.48	257.05	231.52	11.31	14.23
河南	85.01	80.33		80.33	4.68			4.68
湖北	410.37	389.07		389.07	21.30			21.30
湖南	234.06	223.60		223.60	10.46			10.46
广东	816.13	647.74	287.00	360.74	168.38	149.08	6.32	12.98
广西	319.34	240.82	105.65	135.17	78.52	65.06	0.28	13.19
海南	183.14	68.86	24.81	44.06	114.28	112.13		2.15
重庆	38.50	37.02		37.02	1.48			1.48
四川	126.06	120.06		120.06	6.00			6.00
贵州	16.70	15.30		15.30	1.40			1.40
云南	48.63	44.81		44.81	3.82			3.82
西藏	0.04	0.01		0.01	0.03			0.03
陕西	12.52	11.98		11.98	0.54			0.54
甘肃	1.39	1.39		1.39				
青海	0.60	0.60		0.60				
宁夏	14.49	14.47		14.47	0.02			0.02
新疆	13.17	11.86		11.86	1.32			1.32

各地区水产品产量及增减情况（二）

单位：吨

地　　区	总产量	2013年比2012年增减绝对量						
		海水产品			捕捞产品			
			海水	淡水		淡水产品	远洋	淡水
全国总计	**2 643 269**	**2 533 249**	**954 348**	**1 578 901**	**110 020**	**-28 069**	**128 537**	**9 552**
北　　京	-231	2 472		2 472	-2 703		-2 572	-131
天　　津	33 520	-6 501	-2 016	-4 485	40 021	36 921	2 234	866
河　　北	67 464	89 488	70 209	19 279	-22 024	-22 031		7
山　　西	4 378	4 378		4 378				
内 蒙 古	9 746	9 870		9 870	-124			-124
辽　　宁	263 984	235 269	191 982	43 287	28 715	-29	26 058	2 686
吉　　林	3 727	3 001		3 001	726			726
黑 龙 江	35 775	36 161		36 161	-386			-386
上　　海	-8 345	-1 983		-1 983	-6 362	-748	-5 012	-602
江　　苏	156 445	168 657	33 783	134 874	-12 212	-12 298	5 779	-5 693
浙　　江	112 380	7 085	10 336	-3 251	105 295	31 811	77 305	-3 821
安　　徽	80 403	78 848		78 848	1 555			1 555
福　　建	297 976	270 695	222 365	48 330	27 281	10 150	18 196	-1 065
江　　西	56 453	60 699		60 699	-4 246			-4 246
山　　东	212 662	279 780	203 907	75 873	-67 118	-48 143	-21 920	2 945
河　　南	132 920	127 670		127 670	5 250			5 250
湖　　北	214 256	214 301		214 301	-45			-45
湖　　南	126 219	126 565		126 565	-346			-346
广　　东	266 264	279 119	112 658	166 461	-12 855	-19 636	7 565	-784
广　　西	154 744	169 650	79 154	90 496	-14 906	-16 004	-1 223	2 321
海　　南	104 083	91 984	31 970	60 014	12 099	11 938		161
重　　庆	54 280	54 378		54 378	-98			-98
四　　川	71 476	71 797		71 797	-321			-321
贵　　州	32 322	32 608		32 608	-286			-286
云　　南	85 100	75 175		75 175	9 925			9 925
西　　藏								
陕　　西	19 721	19 075		19 075	646			646
甘　　肃	544	544		544				
青　　海	1 480	1 540		1 540	-60			-60
宁　　夏	21 392	21 380		21 380	12			12
新　　疆	10 004	9 544		9 544	460			460

各地区淡水捕捞产量

（按类别分）

单位：吨

地　区	捕捞产量	鱼　类	甲壳类			贝　类	其　他
				虾	蟹		
全国总计	**2 307 427**	**1 661 230**	**340 607**	**285 029**	**55 578**	**272 272**	**33 053**
北　京	3 691	3 659	22	7	15		10
天　津	12 333	8 531	1 920	1 389	531	982	900
河　北	97 600	87 148	5 882	5 310	572	3 753	817
山　西	1 122	1 049	23	21	2		50
内蒙古	31 009	30 569	364	341	23		76
辽　宁	54 247	44 251	8 743	4 719	4 024	620	633
吉　林	20 852	19 813	482	477	5	491	66
黑龙江	51 560	50 862	337	337		358	3
上　海	3 841	3 712	77	74	3		52
江　苏	328 524	192 725	59 189	43 390	15 799	72 126	4 484
浙　江	95 782	57 311	8 558	7 530	1 028	27 646	2 262
安　徽	325 049	212 296	68 157	57 514	10 643	36 888	7 488
福　建	85 088	58 652	6 509	5 153	1 356	18 788	1 139
江　西	260 620	174 053	52 509	50 121	2 388	29 901	4 157
山　东	142 253	120 112	15 261	8 435	6 826	6 454	426
河　南	46 817	39 500	6 736	6 140	596	526	55
湖　北	213 035	133 495	60 660	55 806	4 854	15 528	3 352
湖　南	104 606	85 348	13 040	11 906	1 134	4 967	1 251
广　东	129 844	79 871	11 853	8 843	3 010	36 232	1 862
广　西	131 851	108 114	8 915	7 532	1 383	13 200	1 622
海　南	21 538	18 782	820	575	245	1 711	225
重　庆	14 800	13 318	1 077	867	210	405	
四　川	60 000	54 865	4 238	3 728	510	665	232
贵　州	14 000	11 603	2 050	1 905	145	224	123
云　南	38 247	34 082	2 850	2 755	95	789	526
西　藏	335	259					76
陕　西	5 400	5 084	139	123	16	18	145
甘　肃							
青　海							
宁　夏	230	230					
新　疆	13 153	11 936	196	31	165		1 021

注：捕捞产量中藻类 265 吨。

各地区淡水养殖产量（一）

（按品种分）

单位：吨

地 区	养殖产量	鱼 类	草 鱼	鲢 鱼	鲤 鱼	鳙 鱼
全国总计	**28 024 349**	**24 817 311**	**5 069 948**	**3 850 873**	**3 022 494**	**3 015 380**
北 京	52 912	52 700	15 647	4 619	14 489	2 840
天 津	307 496	256 009	30 906	37 503	108 456	9 530
河 北	450 227	411 783	73 165	78 053	153 362	37 505
山 西	44 499	43 963	12 856	7 863	12 717	3 723
内 蒙 古	110 312	108 018	13 677	17 599	43 906	13 001
辽 宁	884 703	788 890	97 090	116 280	295 193	65 010
吉 林	164 975	163 920	15 082	43 649	43 112	30 558
黑 龙 江	437 055	432 997	32 017	89 769	175 300	38 473
上 海	160 121	103 435	25 403	15 309	1 799	10 232
江 苏	3 253 242	2 453 689	420 896	483 090	148 264	233 791
浙 江	980 518	646 963	86 904	132 382	31 779	91 946
安 徽	1 830 292	1 501 086	250 926	284 617	111 722	273 721
福 建	782 928	666 535	161 205	70 621	52 589	61 202
江 西	2 165 840	1 962 445	448 687	265 096	144 773	330 443
山 东	1 494 756	1 392 488	250 049	24 383	349 025	142 505
河 南	803 313	783 485	124 911	189 748	239 892	121 313
湖 北	3 890 697	3 316 842	879 787	646 770	174 826	410 677
湖 南	2 235 989	2 169 025	605 467	411 259	166 692	343 165
广 东	3 607 402	3 268 974	711 817	214 401	114 641	357 067
广 西	1 351 744	1 315 299	296 175	231 921	150 700	166 213
海 南	440 550	428 952	9 958	8 542	6 553	7 798
重 庆	370 200	367 640	83 024	91 457	33 603	34 177
四 川	1 200 578	1 187 309	210 205	262 506	149 390	140 696
贵 州	152 997	152 122	30 981	15 859	46 650	23 230
云 南	448 053	445 989	75 541	45 248	110 832	35 834
西 藏	65	65	9		15	
陕 西	119 750	116 635	27 972	24 693	36 075	12 558
甘 肃	13 884	13 832	3 600	1 553	4 505	495
青 海	6 000	5 875	159	184	226	
宁 夏	144 700	142 676	41 992	17 290	62 251	7 610
新 疆	118 551	117 670	33 840	18 609	39 157	10 067

各地区淡水养殖产量（二）

（按品种分）

单位：吨

地　区	鱼类						
	鲫　鱼	罗非鱼	鲟　鱼	鳗　鲡	鳟　鱼	鮰　鱼	鲶　鱼
全国总计	**2 594 438**	**1 657 717**	**64 652**	**206 026**	**28 991**	**247 399**	**433 948**
北　京	3 159	1 493	3 457		2 089	200	1 219
天　津	62 534	598					1 766
河　北	37 554	14 301	4 384		2 074	32	767
山　西	2 025	1 034	1 081		1 314	31	378
内蒙古	14 385	89			114	12	1 896
辽　宁	97 517	2 523	1 378		5 835	389	44 511
吉　林	17 855	2	16		242		2 563
黑龙江	67 332	26			411	67	4 278
上　海	38 224	31	57	13		151	30
江　苏	602 071	4 189	1 146	5 286	1	1 155	12 723
浙　江	80 667	1 994	4 310	1 499	136	1 551	2 081
安　徽	175 991	5 265	302	3 780	2	17 502	15 593
福　建	29 011	126 844	3 332	81 046	213	1 801	12 050
江　西	193 946	6 844	2 273	15 573	41	29 527	53 889
山　东	143 299	8 608	9 686		3 709	542	27 781
河　南	47 265	1 110	893		164	5 747	12 991
湖　北	423 771	3 960	8 610	170		47 640	36 610
湖　南	108 124	1 706	4 570		526	37 674	31 958
广　东	129 000	700 219	1 316	98 428	638	17 636	34 821
广　西	37 621	286 046	961		201	11 208	34 115
海　南	1 825	354 582	22	230			2 073
重　庆	80 916	3 508	1 032		413	6 246	6 231
四　川	142 024	3 824	6 225		1 379	56 854	79 300
贵　州	4 780	4 364	3 049		86	9 170	4 479
云　南	26 797	123 356	4 586	1	3 800	1 111	6 975
西　藏	10				11		
陕　西	5 500	505	1 034		740	547	978
甘　肃	905	26	624		524	2	26
青　海	285				3 641		
宁　夏	10 486		174			335	1 241
新　疆	9 559	670	134		687	269	625

各地区淡水养殖产量（三）

（按品种分）

单位：吨

地区	甲壳类	虾	罗氏沼虾	青虾	克氏原螯虾	南美白对虾
全国总计	**2 429 437**	**1 699 575**	**117 402**	**251 149**	**603 520**	**617 384**
北京	99	87				
天津	50 828	49 525		166		49 359
河北	33 212	27 923		825		26 623
山西	85	60				60
内蒙古	449	133		103		
辽宁	82 907	7 591				7 419
吉林	1 053	386		6		
黑龙江	4 009	260				40
上海	56 096	42 766	3 895	544	43	38 284
江苏	722 650	396 808	69 019	117 147	83 340	126 656
浙江	138 328	130 878	11 115	18 967	4 620	95 218
安徽	241 344	138 739	2 509	47 823	86 885	1 399
福建	64 412	63 074	1 133	1 709	132	59 469
江西	101 915	85 279	595	25 399	58 835	450
山东	90 723	64 224	692	2 958	8 127	47 790
河南	13 618	11 657	767	2 579	7 889	353
湖北	509 567	378 149	1 500	26 475	347 515	2 659
湖南	18 351	11 486	546	3 635	2 738	3 576
广东	283 780	279 160	23 390	1 723	16	155 052
广西	5 985	5 236	1 719	749	277	2 175
海南	1 684	1 414				350
重庆	1 138	1 064	146		553	150
四川	3 312	2 933	150	148	2 474	89
贵州	260	110	71	32	7	
云南	531	385	155	154	69	6
西藏						
陕西	66	26		2		
甘肃	50	10				
青海	125					
宁夏	2 024	3				3
新疆	836	209		5		204

各地区淡水养殖产量（四）

（按品种分）

单位：吨

地　　区	甲壳类	贝　类				藻　类
	蟹		河　蚌	螺	蚬	
全国总计	**729 862**	**255 756**	**104 675**	**110 589**	**23 459**	**8 189**
北　　京	12					
天　　津	1 303					
河　　北	5 289	30	25	5		
山　　西	25					
内 蒙 古	316					1 845
辽　　宁	75 316	23	23			
吉　　林	667	2	2			
黑 龙 江	3 749					
上　　海	13 330	10	7			
江　　苏	325 842	43 404	10 328	28 157	4 642	893
浙　　江	7 450	11 719	3 792	7 357	355	97
安　　徽	102 605	51 786	29 947	20 177	1 662	
福　　建	1 338	33 182	4 307	3 611	10 450	695
江　　西	16 636	45 037	13 150	26 935	4 017	3 233
山　　东	26 499	2 774	1 266	1 149	322	
河　　南	1 961	167	108	47	9	186
湖　　北	131 418	25 775	20 109	5 358	308	
湖　　南	6 865	19 030	10 133	7 555	1 159	
广　　东	4 620	14 303	10 217	3 622	318	20
广　　西	749	3 938	453	3 115	216	77
海　　南	270	158		140		642
重　　庆	74	67	2	65		
四　　川	379	3 485	573	2 664		
贵　　州	150	293	154	138	1	
云　　南	146	526	79	447		501
西　　藏						
陕　　西	40	2		2		
甘　　肃	40					
青　　海	125					
宁　　夏	2 021					
新　　疆	627	45		45		

各地区淡水养殖产量（五）

（按品种分）

单位：吨

地　区	其他类	龟	鳖	蛙	珍珠（千克）	观赏鱼（万尾）
全国总计	**513 656**	**38 006**	**343 734**	**87 331**	**1 983 203**	**368 758**
北　京	113	29	31			33 321
天　津	659		659			36 230
河　北	5 202	2	5 136			2 980
山　西	451	451				625
内蒙古						13
辽　宁	12 883	5		12 642		148 935
吉　林						7 000
黑龙江	49					
上　海	580	70	432	78		11 443
江　苏	32 606	1 551	26 936	1 305	267 004	17 469
浙　江	183 411	12 874	154 512	10 760	1 106	8 920
安　徽	36 076	5 198	24 198	4 238	404 775	7 127
福　建	18 104	1 141	7 149	8 087	11 000	5 730
江　西	53 210	3 839	21 360	23 139	951 000	6
山　东	8 771	591	5 560	11		18 502
河　南	5 857	31	5 783	43		23 877
湖　北	38 513	2 793	33 964	1 600	156 000	
湖　南	29 583	2 275	17 068	8 279	189 070	321
广　东	40 325	4 454	12 951	4 086		25 085
广　西	26 445	2 510	21 081	707	3	14
海　南	9 114	120	1 235	7 395		31
重　庆	1 355	3	348	631		8 111
四　川	6 472	69	1 461	3 958		6 139
贵　州	322		265	55	245	21
云　南	506		52	17		6 396
西　藏						
陕　西	3 047		551			12
甘　肃	2		2			
青　海						
宁　夏						450
新　疆						

沿海地区海洋捕捞产量（一）

（按品种分）

单位：吨

地　区	海洋捕捞产　量	鱼类	带　鱼	鳀　鱼	蓝圆鲹	鲐　鱼	鲅　鱼
全国总计	**12 643 822**	**8 717 638**	**1 096 812**	**866 808**	**570 602**	**511 500**	**472 022**
天　津	53 437	49 000	203	38 063		3 970	1 697
河　北	230 539	123 554	5 745	38 332		72	15 912
辽　宁	1 079 259	658 599	17 113	87 599		54 403	83 369
上　海	19 639	7 809	330			2	90
江　苏	553 787	305 606	56 673	2 279	50	8 835	8 735
浙　江	3 192 000	2 108 083	440 483	60 866	100 862	183 371	71 630
福　建	1 937 300	1 440 663	166 897	79 652	241 235	123 429	50 039
山　东	2 315 178	1 597 662	90 415	515 732		82 960	173 653
广　东	1 490 821	1 096 882	141 228	30 501	111 542	29 980	27 712
广　西	650 599	370 419	30 971		73 056	13 621	2 200
海　南	1 121 263	959 361	146 754	13 784	43 857	10 857	36 985

注：海洋捕捞产量不含远洋。

沿海地区海洋捕捞产量（二）

（按品种分）

单位：吨

地　区	鱼类						
	鲳　鱼	小黄鱼	海　鳗	金线鱼	沙丁鱼	石斑鱼	金枪鱼
全国总计	**326 141**	**364 112**	**370 885**	**331 655**	**141 558**	**101998**	**43 044**
天　津		2 964					
河　北	2 103	11 151				35	
辽　宁	5 247	104 443	1 135	121	10 557	2012	
上　海	158	148	240				2
江　苏	34 507	30 709	8 046		320		
浙　江	85 321	88 248	85 087	3 958	21 523	1307	4 676
福　建	58 173	9 607	67 795	10 482	12 810	17580	3 497
山　东	26 083	76 400	23 855		10 008		
广　东	61 576	23 434	81 821	83 193	62 323	35687	18 119
广　西	11 988		13 759	35 344	12 872	5935	
海　南	40 985	17 008	89 147	198 557	11 145	39442	16 750

沿海地区海洋捕捞产量（三）

（按品种分）

单位：吨

地 区	甲壳类	虾				蟹	
			毛 虾	对 虾	鹰爪虾		梭子蟹
全国总计	**2 285 476**	**1 551 263**	**566 503**	**130 333**	**324 450**	**734 213**	**470 637**
天 津	1 756	1 275	197	88		481	316
河 北	56 292	40 384	11 283	1 645	2 613	15 908	10 256
辽 宁	203 563	139 105	38 550	4 001	7 421	64 458	29 622
上 海	11 642	2 409		84	1 470	9 233	4 986
江 苏	150 729	47 829	21 735	3 001	10 004	102 900	91 796
浙 江	884 279	672 742	267 615	16 110	201 484	211 537	137 333
福 建	315 004	181 714	58 681	22 160	43 970	133 290	86 673
山 东	266 684	230 594	92 696	4 459	31 707	36 090	24 458
广 东	225 474	146 548	41 705	56 641	13 148	78 926	44 752
广 西	125 549	70 609	28 430	18 536	8 146	54 940	30 616
海 南	44 504	18 054	5 611	3 608	4 487	26 450	9 829

沿海地区海洋捕捞产量（四）

（按品种分）

单位：吨

地 区	贝 类	藻 类	头足类			其他类	
				鱿 鱼	章 鱼		海 蜇
全国总计	**547 556**	**28 036**	**664 285**	**361 058**	**116 828**	**400 831**	**211 315**
天 津	2 090		530	292	192	61	
河 北	20 391		9 545	323	5 813	20 757	15 678
辽 宁	90 578	15	63 005	37 920	9 477	63 499	27 246
上 海	17		122	32	61	49	42
江 苏	52 493	1 277	15 207	8 079	4 350	28 475	17 166
浙 江	18 403	2 794	147 207	87 747	27 779	31 234	3 508
福 建	48 961	1 812	114 599	56 980	16 363	16 261	12 562
山 东	176 192	1 681	117 830	71 119	24 454	155 129	75 553
广 东	53 197	6 894	74 582	31 057	16 578	33 792	16 383
广 西	55 921		48 638	24 125	6 738	50 072	42 294
海 南	29 313	13 563	73 020	43 384	5 023	1 502	883

沿海地区海水养殖产量（一）

（按品种分）

单位：吨

地区	海水养殖产量	鱼类	鲈鱼	鲆鱼	大黄鱼	美国红鱼	石斑鱼
全国总计	**17 392 453**	**1 123 576**	**128 086**	**122 600**	**105 230**	**59 136**	**82 434**
天津	12 269	3 521	60	2 431		38	300
河北	452 270	11 080	395	3 080			
辽宁	2 827 609	59 002	1 220	35 821			
上海							
江苏	938 742	82 397	1 466	4 492			24
浙江	871 700	29 490	7 988	333	3 275	7 906	192
福建	3 548 960	244 729	24 394	2 787	92 289	14 117	24 583
山东	4 566 350	159 965	21 348	72 193	72	8 223	200
广东	2 870 020	433 333	60 288	1 463	9 594	21 593	36 514
广西	1 056 461	42 361	7 397			4 772	1 837
海南	248 072	57 698	3 530			2 487	18 784

沿海地区海水养殖产量（二）

（按品种分）

单位：吨

地区	鱼类					甲壳类	
	鲷鱼	军曹鱼	鰤鱼	河鲀	鲽鱼		虾
全国总计	**57 110**	**39 627**	**35 966**	**14 394**	**5 616**	**1 340 218**	**1 081 269**
天津				102	13	8 748	8 748
河北				1 903	717	21 246	18 882
辽宁			131	3 511	20	29 902	28 040
上海							
江苏	60			176	2 140	108 613	73 698
浙江	2 602	195	115	126	118	96 069	48 894
福建	37 917	116	4 882	2 357	493	142 387	84 184
山东	993			3 564	1 971	120 951	94 828
广东	21 593	25 454	29 935	2 600	144	437 719	382 486
广西	5 220	55				234 615	219 078
海南	2 725	13 807	903	55		139 968	122 431

沿海地区海水养殖产量（三）

（按品种分）

单位：吨

地 区	甲壳类						
	虾				蟹		
	南美白对虾	斑节对虾	中国对虾	日本对虾		梭子蟹	青 蟹
全国总计	**812 545**	**72 008**	**41 931**	**45 949**	**258 949**	**109 584**	**138 071**
天 津	8 743		5				
河 北	10 813		4 254	3 815	2 364	2 364	
辽 宁	12 676		10 594	2 794	1 862	1 448	
上 海							
江 苏	20 202	2 872	6 499	1 567	34 915	31 200	1 990
浙 江	32 289	718	1 209	1 035	47 175	19 499	27 279
福 建	61 123	5 889	3 882	10 827	58 203	25 670	29 705
山 东	63 591	2 520	7 644	19 674	26 123	24 312	1 513
广 东	294 461	46 497	7 844	6 063	55 233	5 003	44 713
广 西	192 227	10 698		174	15 537		15 537
海 南	116 420	2 814			17 537	88	17 334

沿海地区海水养殖产量（四）

（按品种分）

单位：吨

地 区	贝 类	牡 蛎	蛤	扇 贝	蛏	贻 贝	蚶
全国总计	**12 728 037**	**4 218 644**	**3 853 531**	**1 608 201**	**720 804**	**747 077**	**336 870**
天 津							
河 北	409 779		35 158	338 877		558	35 159
辽 宁	2 282 876	201 364	1 170 847	403 138	28 752	35 083	33 610
上 海							
江 苏	708 797	38 811	370 274	10	87 629	56 340	28 411
浙 江	697 533	154 566	57 428	310	223 450	82 445	132 388
福 建	2 361 680	1 521 408	323 622	6 981	213 934	78 249	46 772
山 东	3 547 123	758 177	1 345 021	761 035	144 982	390 265	5 526
广 东	1 916 388	1 069 148	302 507	95 588	20 863	94 036	51 152
广 西	776 574	473 432	236 620	2 207	1 194	10 101	3 051
海 南	27 287	1 738	12 054	55			801

沿海地区海水养殖产量（五）

（按品种分）

单位：吨

地　区	贝　类			藻　类			
	螺	鲍	江　珧		海　带	裙带菜	麒麟菜
全国总计	**212 844**	**110 380**	**17 323**	**1 856 804**	**1 017 737**	**170 111**	**9 256**
天　津							
河　北	27						
辽　宁		2 026		319 705	180 150	131 000	
上　海							
江　苏	59 720	50		29 641	548	5	
浙　江	12 074	142		45 212	10 286		
福　建	4 398	88 470		774 702	576 573		
山　东	17 334	11 957		588 944	246 037	38 679	
广　东	80 232	7 023	17 323	75 846	4 143	427	2 000
广　西	36 705						
海　南	2 354	712		22 754			7 256

沿海地区海水养殖产量（六）

（按品种分）

单位：吨

地　区	藻　类		其他类				
	江　蓠	紫　菜		海　参	海　胆（千克）	海水珍珠（千克）	海　蜇
全国总计	**246 112**	**113 900**	**343 818**	**193 705**	**6 427 160**	**8 764**	**66 513**
天　津							
河　北			10 165	7 976			2 189
辽　宁			136 124	70 687	142 228		52 170
上　海							
江　苏	1 297	27 718	9 294	463			5 109
浙　江	725	19 329	3 396	262			400
福　建	122 614	56 157	25 462	17 555	5 000		3 485
山　东	51 221	550	149 367	96 523	4 120 000		2 765
广　东	57 425	10 146	6 734	225	2 159 932	6 052	256
广　西			2 911	14		607	139
海　南	12 830		365			2 105	

各地区水产养殖面积

单位：公顷

地 区	总面积	比上年增 减	海水养殖	比上年增 减	淡水养殖	比上年增 减
全国总计	**8 321 699**	**233 296**	**2 315 569**	**134 642**	**6 006 130**	**98 654**
北 京	4 221	-143			4 221	-143
天 津	40 481	-861	3 169	-823	37 312	-38
河 北	197 294	-14 778	117 928	-16 754	79 366	1 976
山 西	15 462	416			15 462	416
内 蒙 古	115 753	-1 196			115 753	-1 196
辽 宁	1 148 881	133 245	942 050	129 015	206 831	4 230
吉 林	307 687	13 274			307 687	13 274
黑 龙 江	376 396	3 032			376 396	3 032
上 海	20 966	-1 061			20 966	-1 061
江 苏	765 278	-5 902	193 807	-5 545	571 471	-357
浙 江	302 376	-591	89 358	-389	213 018	-202
安 徽	570 384	13 773			570 384	13 773
福 建	253 252	10 433	154 453	8 967	98 799	1 466
江 西	433 226	1 128			433 226	1 128
山 东	826 897	23 460	546 814	23 109	280 083	351
河 南	255 458	19 702			255 458	19 702
湖 北	683 460	3 393			683 460	3 393
湖 南	447 632	10 962			447 632	10 962
广 东	570 137	-5 073	197 198	-4 636	372 939	-437
广 西	231 665	2 569	54 001	752	177 664	1 817
海 南	57 898	1 557	16 791	946	41 107	611
重 庆	88 039	3 697			88 039	3 697
四 川	196 809	4 006			196 809	4 006
贵 州	56 237	6 912			56 237	6 912
云 南	134 934	10 918			134 934	10 918
西 藏	31	1			31	1
陕 西	47 932	-219			47 932	-219
甘 肃	13 878	572			13 878	572
青 海	42 431				42 431	
宁 夏	45 897	471			45 897	471
新 疆	70 707	-401			70 707	-401

各地区淡水养殖面积

单位：公顷

地　区	按水域分					
	池　塘	湖　泊	水　库	河　沟	其　他	稻　田
全国总计	**2 623 176**	**1 022 692**	**1 957 966**	**275 809**	**126 487**	**1 520 685**
北　京	4 143				78	
天　津	32 548		3 331	471	962	2 667
河　北	30 965	3 973	42 467	1 585	376	2 658
山　西	2 820	1 653	10 801	20	168	266
内蒙古	18 054	42 901	50 779	4 019		2 509
辽　宁	47 930	200	104 512	1 945	52 244	97 408
吉　林	30 027	103 779	173 881			4 456
黑龙江	108 681	106 523	135 275	22 244	3 673	18 100
上　海	18 856	283		1 607	220	
江　苏	376 031	90 967	21 175	66 973	16 325	125 326
浙　江	72 329	2 800	95 808	35 779	6 302	75 397
安　徽	209 643	202 095	93 792	52 046	12 808	86 426
福　建	38 298	825	52 838	4 862	1 976	18 705
江　西	155 126	103 381	156 658	14 792	3 269	60 160
山　东	146 408	10 683	116 214	6 560	218	6 269
河　南	111 193	3 398	131 122	9 690	55	459
湖　北	375 953	192 620	107 967	4 614	2 306	178 992
湖　南	226 893	89 756	128 505	894	1 584	189 562
广　东	277 871	5 205	79 271	1 976	8 616	2 398
广　西	79 404		88 657	7 269	2 334	44 370
海　南	23 376	309	17 200	21	201	
重　庆	51 027		28 554	7 822	636	40 968
四　川	102 147	4 369	71 028	19 121	144	301 552
贵　州	5 309	620	42 835	3 481	3 992	138 859
云　南	36 436	14 046	82 743	1 549	160	111 826
西　藏	31					
陕　西	11 203	7 233	26 953	1 947	596	240
甘　肃	2 377	54	11 274		173	
青　海	318	4 254	37 859			
宁　夏	16 278	27 775	1 414	430		11 112
新　疆	11 501	2 990	45 053	4 092	7 071	

沿海地区海水养殖面积

单位：公顷

地 区	海水养殖面 积	按养殖水域分			按养殖方式分		
		海 上	滩 涂	其 他	普通网箱（平方米）	深水网箱（立方水体）	工 厂 化（立方水体）
全国总计	**2 315 569**	**1 337 355**	**697 556**	**280 658**	**46 686 225**	**4 152 827**	**21 719 477**
天 津	3 169			3 169			411 080
河 北	117 928	70 917	27 687	19 324			1 933 160
辽 宁	942 050	732 371	132 720	76 959	336 313	493 000	3 420 791
上 海							
江 苏	193 807	41 362	123 613	28 832	18 000	14 020	436 772
浙 江	89 358	16 656	45 229	27 473	991 665	734 886	893 175
福 建	154 453	73 603	55 590	25 260	37 477 533	324 164	6 458 619
山 东	546 814	321 586	196 630	28 598	1 061 186	1 663 898	7 338 108
广 东	197 198	60 627	85 638	50 933	4 867 844	585 475	427 125
广 西	54 001	16 834	19 968	17 199	458 418	254 524	
海 南	16 791	3 399	10 481	2 911	1 475 266	82 860	400 647

全国水产苗种增减情况

指 标	单 位	2013 年	2012 年	2013 年比 2012 年增减	
				绝对数	增减%
淡水鱼苗	亿尾	19 143	11 181	7 961	71. 20
罗非鱼	亿尾	1 029	219	810	370. 69
淡水鱼种	吨	3 567 482	3 490 287	77 195	2. 21
投放鱼种	吨	3 927 223	3 821 089	106 134	2. 78
河蟹育苗量	千克	846 781	841 873	4 908	0. 58
扣蟹	千克	49 943 769	48 631 951	1 311 818	2. 70
稚鳖	万只	59 086	62 137	－3 051	－4. 91
稚龟	万只	8 353	6 881	1 472	21. 39
鳗苗捕捞量	千克	21 930	23 333	－1 403	－6. 01
海水鱼苗	万尾	572 887	489 142	83 745	17. 12
大黄鱼	万尾	182 791	242 154	－59 363	－24. 51
鲆鱼	万尾	33 477	27 293	6 184	22. 66
虾类育苗量	亿尾	7 560	8 732	－1171	－13. 41
南美白对虾	亿尾	6 134	6 948	－814	－11. 71
贝类育苗量	亿粒	13 237	13 499	－262	－1. 94
鲍鱼	亿粒	77	75	2	3. 17
海带育苗量	亿株	303	289	13	4. 62
紫菜育苗量	亿贝壳	202	171	30	17. 74
海参	亿头	738	584	154	26. 40

各地区水产品加工（一）

地　　区	水产加工企业		水产冷库			
	企业数（个）	加工能力（吨/年）	冷　库（座）	冻结能力（吨/日）	冷藏能力（吨/次）	制冰能力（吨/日）
全国总计	**9 774**	**27 453 094**	**9 046**	**659 570**	**4 888 711**	**232 400**
北　京	5	7 685	215	68	28 120	69
天　津	6	3 965	17	239	201 380	67
河　北	243	435 778	203	5 606	75 386	4 506
山　西						
内蒙古	38	7 130	31	345	2 274	242
辽　宁	909	2 847 999	845	68 440	672 236	18 826
吉　林	29	17 130	22	115	1 385	2
黑龙江	30	4 700	18	215	2 605	15
上　海	22	65 260	60	951	15 837	246
江　苏	997	1 538 976	1 118	35 190	172 351	26 347
浙　江	2 181	2 749 912	1 487	42 952	925 664	27 795
安　徽	112	247 130	398	12 186	59 294	752
福　建	1 189	4 262 682	796	15 623	417 666	20 645
江　西	178	251 486	174	2 057	16 781	2 779
山　东	2 024	8 768 354	2 178	329 130	1 713 850	84 480
河　南	73	55 197	56	1 031	10 274	542
湖　北	232	1 450 451	320	81 457	108 354	12 001
湖　南	124	359 939	245	15 934	43 017	1 937
广　东	1 077	2 593 668	540	27 292	283 196	14 970
广　西	188	1 084 144	50	2 496	90 722	3 028
海　南	45	435 300	157	4 548	34 520	12 993
重　庆	4	2 490	28	12 059	5 112	60
四　川	8	30 340	8	160	1 750	13
贵　州	13	5 568	8	20	220	15
云　南	38	210 400	22	613	3 045	67
西　藏						
陕　西			7	29	33	3
甘　肃						
青　海	1	3 000	2			
宁　夏	1	10 000	5	500	800	
新　疆	7	4 410	36	314	2 839	

各地区水产品加工（二）

单位：吨

地　区	水产加工品总量	淡水加工	海水加工	水产冷冻品	冷冻品	冷冻加工品
全国总计	**19 540 173**	**3 629 827**	**15 910 346**	**12 299 779**	**5 888 239**	**6 411 540**
北　京	4 275	1 975	2 300	4 275	2 295	1 980
天　津	1 346	626	720	1 346	1 346	
河　北	129 325	13 038	116 287	68 799	37 571	31 228
山　西						
内蒙古	8 502	8 502		6 081	5 621	460
辽　宁	2 234 221	40 236	2 193 985	1 556 458	434 248	1 122 210
吉　林	12 445	1 542	10 903	1 935	985	950
黑龙江	1 275	1 275		1 100	1 100	
上　海	24 686	15 698	8 988	23 665	9 619	14 046
江　苏	1 553 378	846 997	706 381	609 006	378 285	230 721
浙　江	2 188 453	138 105	2 050 348	1 644 084	1 136 812	507 272
安　徽	171 728	160 304	11 424	121 579	55 972	65 607
福　建	2 901 173	159 894	2 741 279	1 478 700	782 013	696 687
江　西	340 339	340 339		111 015	67 678	43 337
山　东	6 188 192	131 064	6 057 128	4 179 620	1 950 680	2 228 940
河　南	22 421	22 421		21 210	5 646	15 564
湖　北	891 837	891 837		368 738	123 281	245 457
湖　南	157 949	157 949		88 905	68 112	20 793
广　东	1 433 441	364 425	1 069 016	914 927	363 022	551 905
广　西	722 482	163 804	558 678	630 890	151 979	478 911
海　南	520 442	137 953	382 489	444 755	307 032	137 723
重　庆	410	410				
四　川	3 898	3 898		2 133	146	1 987
贵　州	1 188	1 188				
云　南	22 972	22 972		18 159	2 397	15 762
西　藏						
陕　西	840	420	420	840	840	
甘　肃						
青　海						
宁　夏	240	240				
新　疆	2 715	2 715		1 559	1 559	

各地区水产品加工（三）

单位：吨

地区	水产加工品总量						
	鱼糜制品及干腌制品	鱼糜制品	干腌制品	藻类加工品	罐制品	水产饲料（鱼粉）	鱼油制品
全国总计	**2 906 375**	**1 326 843**	**1 579 532**	**989 878**	**374 911**	**995 462**	**77 010**
北京							
天津							
河北	8 054	150	7 904		6 529	42 328	515
山西							
内蒙古	116		116	1 845	460		
辽宁	159 634	49 557	110 077	252 872	22 194	87 488	1 110
吉林	10 510	3 486	7 024				
黑龙江	170		170		5		
上海							
江苏	78 543	28 306	50 237	22 489	19 610	2 613	
浙江	236 024	108 880	127 144	20 069	50 790	208 874	6 173
安徽	36 760	21 334	15 426		5 850	6 463	1 000
福建	658 885	340 191	318 694	369 621	63 666	122 788	38 450
江西	185 855	67 555	118 300	1 695	11 179	18 894	545
山东	698 683	319 250	379 433	308 314	99 757	397 642	24 144
河南	873	394	479	245	93		
湖北	484 767	236 927	247 840		36 216		
湖南	61 116	16 070	45 046		2 433	33	1 204
广东	219 318	117 037	102 281	3 171	54 574	85 771	239
广西	34 285	14 596	19 689		451	5 931	2 361
海南	29 204	1 115	28 089	9 085		13 500	
重庆	400	180	220				
四川	1 765	1 420	345				
贵州	1 188	395	793				
云南	35		35	472	498	2 537	1 269
西藏							
陕西							
甘肃							
青海							
宁夏					240		
新疆	190		190		366	600	

各地区水产品加工（四）

单位：吨

地　区	水产加工品总量			用于加工的水产品量		
	其他水产加工品	助剂和添加剂	珍　珠（千克）		淡水产品	海水产品
全国总计	**1 896 758**	**104 224**	**171 754**	**21 687 297**	**5 555 188**	**16 132 109**
北　京				4 977	2 657	2 320
天　津				1 370	740	630
河　北	3 100			382 795	15 963	366 832
山　西						
内 蒙 古				8 860	8 860	
辽　宁	154 465	2 300		3 081 784	44 102	3 037 682
吉　林				40 106	2 546	37 560
黑 龙 江				1 535	1 535	
上　海	1 021			26 093	14 470	11 623
江　苏	821 117	14	42	1 721 581	916 493	805 088
浙　江	22 439	9 326	946	2 457 316	162 774	2 294 542
安　徽	76		18 000	198 293	184 521	13 772
福　建	169 063	9 562		3 506 773	198 376	3 308 397
江　西	11 156	125	409	639 550	639 550	
山　东	480 032	78 350		4 085 122	98 405	3 986 717
河　南				51 197	51 197	
湖　北	2 116	50	4 000	1 695 587	1 695 587	
湖　南	4 258		142 941	146 111	146 111	
广　东	155 441		5 416	1 953 911	630 898	1 323 013
广　西	48 564	4 497		790 181	229 412	560 769
海　南	23 898			828 874	445 710	383 164
重　庆	10			649	649	
四　川				5 179	5 179	
贵　州				2 794	2 794	
云　南	2			52 721	52 721	
西　藏						
陕　西						
甘　肃						
青　海						
宁　夏				520	520	
新　疆				3 418	3 418	

各地区渔船年末拥有量（一）

地区	渔船合计		机动渔船			
	艘	总吨	艘	海洋渔业	总吨	海洋渔业
全国总计	**1 071 664**	**10 443 511**	**694 905**	**283 321**	**9 895 517**	**8 133 187**
北京	405	4 657	31	10	4 462	4 386
天津	4 915	35 243	4 328	546	34 938	32 050
河北	17 599	267 734	13 716	9 710	265 238	253 139
山西	306	660	229		592	
内蒙古	1 848	2 729	1 430		2 395	
辽宁	43 343	783 151	40 878	38 587	779 955	773 677
吉林	7 111	8 870	4 405		6 277	
黑龙江	16 089	18 655	12 066		16 222	
上海	1 598	123 029	1 417	520	122 917	115 763
江苏	256 963	1 271 027	130 625	10 254	1 000 644	292 911
浙江	78 426	2 831 869	46 667	31 356	2 795 665	2 743 294
安徽	59 058	374 809	31 854		316 581	
福建	64 871	1 073 997	62 199	58 701	1 071 352	1 066 902
江西	55 551	196 481	32 219		173 476	
山东	116 141	1 135 052	71 874	42 588	1 099 828	982 598
河南	10 956	22 287	4 510		16 669	
湖北	106 173	167 527	50 685		115 236	
湖南	59 905	101 880	42 650		78 826	
广东	70 530	938 581	65 897	53 879	930 544	888 671
广西	27 249	392 011	26 606	10 165	390 796	371 545
海南	26 939	438 299	26 805	26 643	437 836	437 212
重庆	6 592	17 067	5 693		15 971	
四川	14 642	15 010	8 134		10 542	
贵州	8 955	24 953	5 598		19 966	
云南	10 845	12 078	1 474		3 965	
西藏	65	42	7		12	
陕西	2 012	9 823	1 214		9 114	
甘肃	93	105	33		75	
青海	222	870	222		870	
宁夏	159	113	21		113	
新疆	1 741	3 863	1 056		3 401	

注：全国总计包括中农发集团的数据。

各地区渔船年末拥有量（二）

地　区	机动渔船		非机动渔船			
	千　瓦	海洋渔业	艘	海洋渔业	总　吨	海洋渔业
全国总计	**22 199 018**	**16 396 732**	**376 759**	**14 458**	**547 994**	**22 057**
北　京	7 189	5 627	374		195	
天　津	97 362	63 365	587		305	
河　北	564 652	498 499	3 883		2 496	
山　西	3 021		77		68	
内蒙古	18 774		418		334	
辽　宁	1 555 998	1 533 757	2 465	379	3 196	423
吉　林	80 219		2 706		2 593	
黑龙江	111 462		4 023		2 433	
上　海	189 090	168 520	181		112	
江　苏	3 209 029	734 210	126 338	324	270 383	472
浙　江	4 584 231	4 420 386	31 759	1 700	36 204	2 225
安　徽	444 247		27 204		58 228	
福　建	2 539 317	2 516 160	2 672	2 458	2 645	2 481
江　西	446 227		23 332		23 005	
山　东	2 388 240	1 987 245	44 267	6 621	35 224	8 936
河　南	69 915		6 446		5 618	
湖　北	421 328		55 488		52 291	
湖　南	320 264		17 255		23 054	
广　东	2 445 109	2 320 947	4 633	2 640	8 037	6 067
广　西	881 734	653 911	643	210	1 215	1 005
海　南	1 244 529	1 220 085	134	126	463	448
重　庆	61 785		899		1 096	
四　川	76 964		6 508		4 468	
贵　州	86 395		3 357		4 987	
云　南	24 126		9 371		8 113	
西　藏	61		58		30	
陕　西	28 784		798		709	
甘　肃	624		60		30	
青　海	5 506					
宁　夏	1 716		138			
新　疆	17 100		685		462	

六、乡镇企业

全国乡镇企业主要经济指标表（一）

单位：万个、万人、亿元

指　　标	企业个数	年末人数	总产值	营业收入
总　　计	**3 204.4**	**16 642.5**	**666 047.1**	**642 021.4**
按登记注册类型分组				
内资企业小计	3 194.1	15 705.7	606 496.3	583 506.1
集体企业	14.1	391.2	18 283.1	18 642.0
私营企业	548.3	6 475.4	313 947.8	298 790.5
个体工商户	2 505.0	6 347.7	143 671.4	124 186.9
港、澳、台商投资企业	5.3	525.0	29 253.0	27 963.1
外商投资企业	5.0	411.8	30 297.8	30 552.2
按国民经济行业分组				
农林牧渔业	27.5	257.4	7 313.3	7 249.7
工业	326.3	7 134.3	414 243.9	403 911.0
建筑业	22.6	864.8	27 685.9	26 409.6
资质等级企业	6.8	391.2	10 447.5	10 356.7
交通运输仓储业	51.1	319.1	10 969.9	10 874.5
批发零售业	148.3	813.3	33 954.4	40 908.9
住宿及餐饮业	53.9	411.8	9 402.8	10 356.7
餐饮业	31.4	216.2	5 223.8	5 696.2
居民服务、其他服务业和娱乐业	38.5	247.1	8 880.4	9 321.0
其他	31.2	247.1	9 925.1	8 803.2

全国乡镇企业主要经济指标表（二）

单位：亿元

指　　标	利润总额	上缴税金	劳动者报酬
总　　计	**39 539.4**	**16 732.6**	**42 676.3**
按登记注册类型分组			
内资企业小计	35 984.8	15 031.6	38 294.9
集体企业	1 333.0	470.2	1 135.9
私营企业	19 391.3	8 034.9	19 343.2
个体工商户	7 802.4	2 903.2	10 221.3
港、澳、台商投资企业	1 586.9	788.3	2 206.9
外商投资企业	1 967.7	912.7	2 174.5
按国民经济行业分组			
农林牧渔业	634.7	152.1	649.1
工业	23 993.2	10 786.9	23 659.7
建筑业	1 777.3	802.1	2 726.2
资质等级企业	730.0	318.1	1 168.4
交通运输仓储业	856.9	304.2	876.3
批发零售业	2 316.8	885.1	2 077.1
住宿及餐饮业	825.2	318.1	973.7
餐饮业	444.3	166.0	486.8
居民服务、其他服务业和娱乐业	603.0	248.9	746.5
其他	730.0	331.9	746.5

各地区乡镇企业单位数（一）

单位：个

地　区	合　计	农林牧渔业	工业企业	建筑业	交通运输仓储业
全国总计	**6 993 865**	**275 228**	**3 262 552**	**226 181**	**511 491**
北　京	17 937	270	10 221	801	1 058
天　津	39 203		39 203		
河　北	201 668	5 761	119 818	9 645	8 085
山　西	135 980	7 694	46 040	5 365	8 718
内蒙古	176 201	4 740	29 602	3 085	8 500
辽　宁	189 627		44 733	3 753	35 782
吉　林	82 138	4 556	29 566	3 102	9 294
黑龙江	68 290	6 154	26 809	2 666	5 389
上　海	26 679		26 679		
江　苏	762 257	7 453	415 153	12 643	36 985
浙　江	906 239	2 515	615 547	5 584	47 544
安　徽	284 009	6 278	231 912	20 128	6 693
福　建	255 284	11 631	113 111	9 036	14 360
江　西	183 268	11 827	72 310	10 841	13 247
山　东	785 131	55 155	328 234	22 261	32 002
河　南	283 556	30 915	150 417	13 102	11 264
湖　北	320 510	9 281	107 514	11 109	33 159
湖　南	876 291	46 509	333 053	44 158	133 038
广　东	407 782	7 213	191 344	10 676	16 315
广　西	388 614	23 278	83 162	8 748	54 285
海　南	16 279	2 238	3 735	784	563
重　庆	80 123	4 412	29 250	5 814	5 110
四　川	254 488	13 192	77 286	7 497	19 551
贵　州					
云　南	39 093	1 726	18 645	1 483	874
西　藏					
陕　西	131 293	8 772	81 559	9 392	1 459
甘　肃	42 797	1 586	18 862	3 536	2 204
青　海	6 587	74	3 235	227	233
宁　夏	18 394	139	9 105	296	4 544
新　疆	14 147	1 859	6 447	449	1 235

注：各地区乡镇企业主要经济指标数据不含个体工商户（下同）。

各地区乡镇企业单位数（二）

单位：个

地区	批发零售业	住宿及餐饮业	社会服务业	其他企业
全国总计	**1 483 282**	**539 000**	**384 599**	**311 532**
北京	2 755	1 023	1 559	250
天津				
河北	29 714	12 703	9 808	6 134
山西	36 119	15 478	10 684	5 882
内蒙古	71 635	37 182	15 792	5 665
辽宁	62 950	17 480	16 499	8 430
吉林	22 934	5 855	4 244	2 587
黑龙江	14 121	7 587	4 666	898
上海				
江苏	153 932	54 448	44 650	36 993
浙江	143 073	30 432	32 401	29 143
安徽	9 544	2 863	4 996	1 595
福建	53 903	21 151	15 564	16 528
江西	30 093	18 208	16 108	10 634
山东	201 523	60 567	41 036	44 353
河南	32 857	12 685	11 056	21 260
湖北	74 793	40 867	29 807	13 980
湖南	173 171	70 827	31 618	43 917
广东	102 012	34 879	25 411	19 932
广西	132 728	39 859	24 881	21 673
海南	3 136	3 456	1 750	617
重庆	20 513	2 770	8 505	3 749
四川	66 723	31 609	26 358	12 272
贵州				
云南	6 714	4 888	3 705	1 058
西藏				
陕西	21 632	5 278	1 852	1 349
甘肃	11 396	3 893	364	956
青海	572	1 459	138	649
宁夏	2 965	502	303	540
新疆	1 774	1 051	844	488

各地区乡镇企业从业人员（一）

单位：人

地　区	合　计	农林牧渔业	工业企业	建筑业	交通运输仓储业
全国总计	**102 947 776**	**2 573 694**	**71 342 809**	**8 647 613**	**3 191 381**
北　京	726 159	8 200	438 351	73 771	23 899
天　津	1 473 205		1 473 205		
河　北	7 359 693	82 706	5 453 653	624 201	132 401
山　西					
内蒙古	1 645 339	76 871	788 627	163 863	60 587
辽　宁	4 025 247		2 211 880	266 766	332 819
吉　林	1 165 541	68 492	719 646	124 773	44 994
黑龙江	927 665	5 849	572 088	112 406	33 375
上　海	2 061 624		2 061 624		
江　苏	17 190 030	183 024	12 491 863	1 548 154	593 714
浙　江	12 432 839	36 303	10 660 012	697 139	150 987
安　徽	3 960 011	56 985	3 158 463	536 849	26 489
福　建	6 619 478	223 220	4 853 307	382 013	143 629
江　西	3 476 866	139 321	1 973 877	249 300	182 428
山　东	15 912 170	735 361	9 789 294	1 356 409	523 036
河　南	7 054 322	331 055	4 757 771	664 533	138 771
湖　北	5 600 717	177 554	3 008 564	562 040	201 417
湖　南	7 027 962	345 002	4 624 834	786 893	317 957
广　东	11 415 789	119 839	9 112 630	323 222	165 631
广　西	2 963 786	141 818	1 628 982	173 970	138 608
海　南	237 838	33 984	83 401	22 548	7 767
重　庆	2 501 404	63 685	1 355 094	609 215	80 247
四　川	5 845 958	172 428	3 633 791	696 964	204 065
贵　州					
云　南	1 774 043	69 931	1 098 270	290 147	39 193
西　藏					
陕　西	2 968 043	87 265	1 840 571	202 492	286 998
甘　肃	1 296 249	48 652	710 021	215 210	94 220
青　海	103 234	1 376	70 200	8 144	1 942
宁　夏	233 394	6 479	171 243	15 398	11 021
新　疆	369 170	41 723	216 492	49 623	9 296

各地区乡镇企业从业人员（二）

单位：人

地　　区	批发零售业	住宿及餐饮业	社会服务业	其他企业
全国总计	**8 132 874**	**4 117 911**	**2 470 747**	**2 470 747**
北　京	50 420	30 302	85 808	15 408
天　津				
河　北	556 519	245 979	154 708	109 526
山　西				
内蒙古	238 760	170 542	110 117	35 972
辽　宁	602 196	288 760	187 782	135 044
吉　林	91 940	52 518	29 560	33 618
黑龙江	93 698	57 691	40 593	11 965
上　海				
江　苏	1 170 209	452 375	362 390	388 301
浙　江	429 235	141 291	179 254	138 618
安　徽	20 986	19 003	17 658	123 578
福　建	445 961	277 894	160 516	132 938
江　西	398 938	252 930	140 416	139 653
山　东	2 067 129	749 009	443 424	248 508
河　南	401 667	236 904	85 361	438 260
湖　北	769 474	390 468	269 848	221 352
湖　南	454 032	244 918	85 965	168 361
广　东	665 074	477 146	324 257	227 990
广　西	448 829	218 219	103 839	109 521
海　南	30 098	35 413	17 999	6 628
重　庆	192 140	87 636	46 261	67 126
四　川	413 278	416 498	170 451	138 483
贵　州				
云　南	107 804	71 174	70 276	27 248
西　藏				
陕　西	349 277	166 978	25 983	8 479
甘　肃	157 351	58 632	11 025	1 138
青　海	5 795	10 890	1 849	3 038
宁　夏	15 688	3 271	2 089	8 205
新　疆	13 702	12 384	11 370	14 580

各地区乡镇企业总产值（一）

单位：万元

地　区	合　计	农林牧渔业	工业企业	建筑业	交通运输仓储业
全国总计	**5 223 756 802**	**73 132 595**	**4 142 439 144**	**276 859 111**	**109 698 893**
北　京	42 433 266	162 845	24 109 438	5 240 931	1 347 306
天　津	102 685 696		102 685 696		
河　北	439 588 687	4 030 443	355 533 459	19 178 314	8 881 407
山　西	133 448 035	2 178 029	107 100 417	8 808 440	5 189 790
内蒙古	42 890 235	4 148 456	25 072 920	3 024 755	1 401 882
辽　宁	409 816 232		305 781 688	21 064 513	19 564 096
吉　林	43 918 619	1 742 367	32 963 062	2 183 495	1 183 217
黑龙江	34 964 792	1 022 783	23 469 854	3 452 421	1 524 954
上　海	149 595 650		149 595 650		
江　苏	1 213 496 169	5 395 224	988 871 007	61 904 330	15 325 638
浙　江	734 735 206	6 676 449	611 202 178	36 430 179	15 654 763
安　徽	85 937 288	1 211 325	73 984 834	984 635	705 832
福　建	245 765 512	5 329 923	201 763 032	10 488 571	3 049 852
江　西	95 327 114	2 119 102	75 243 163	5 045 616	2 879 685
山　东	1 140 433 062	24 269 082	855 012 276	68 402 356	28 957 412
河　南	202 151 557	5 292 889	162 704 668	8 835 788	2 840 767
湖　北	224 616 868	6 258 036	169 458 049	13 154 807	6 163 049
湖　南	184 242 553	5 276 039	114 328 746	19 058 048	8 338 670
广　东	358 339 635	3 109 927	305 965 621	7 578 027	3 374 476
广　西	70 359 770	952 905	58 918 156	2 082 511	1 663 697
海　南	2 830 455	362 434	1 462 140	301 899	63 514
重　庆	86 589 908	1 242 065	55 565 566	14 327 494	2 287 385
四　川	232 875 804	5 709 308	182 772 909	16 284 369	4 014 218
贵　州					
云　南	57 601 652	1 480 245	44 614 409	4 863 476	828 762
西　藏					
陕　西	86 461 924	3 922 384	65 581 540	7 063 993	555 415
甘　肃	20 761 155	572 546	12 954 634	3 201 145	900 061
青　海	1 636 305	7 723	1 413 551	89 100	35 062
宁　夏	9 244 804	167 651	7 121 680	341 115	105 975
新　疆	11 608 849	952 824	8 226 774	1 292 280	146 195

各地区乡镇企业总产值（二）

单位：万元

地　区	批发零售业	住宿及餐饮业	社会服务业	其他企业
全国总计	**339 544 192**	**94 027 622**	**88 803 866**	**99 251 379**
北　京	6 650 403	550 011	2 270 578	2 101 754
天　津				
河　北	29 624 633	8 421 458	7 165 780	6 753 193
山　西	10 171 359			
内 蒙 古	3 917 757	1 979 444	2 209 308	1 135 713
辽　宁	33 030 879	12 933 424	6 982 789	10 458 843
吉　林	2 390 943	1 342 759	989 641	1 123 135
黑 龙 江	3 382 865	1 191 509	824 626	95 780
上　海				
江　苏	96 386 878	12 044 729	13 775 861	19 792 502
浙　江	32 163 797	8 968 979	15 198 682	8 440 179
安　徽	728 543	356 000	355 489	7 610 630
福　建	14 004 188	5 168 778	2 155 752	3 805 416
江　西	4 418 074	2 419 707	1 206 920	1 994 847
山　东	89 361 488	27 064 219	20 699 441	26 666 788
河　南	10 475 973	4 127 466	3 152 299	4 721 707
湖　北	15 402 008	7 069 039	4 564 251	2 547 629
湖　南	13 502 260	5 362 358	15 702 830	2 673 602
广　东	20 220 273	7 248 106	5 798 424	5 044 781
广　西	3 783 963	1 496 194	672 561	789 783
海　南	141 839	260 281	130 404	107 944
重　庆	5 947 538	2 642 966	1 093 048	3 483 846
四　川	12 901 701	5 171 228	2 966 859	3 055 212
贵　州				
云　南	3 131 200	1 044 116	789 412	850 032
西　藏				
陕　西	5 820 774	2 150 652	778 063	589 103
甘　肃	2 310 321	369 874	136 548	316 026
青　海	32 424	49 786	3 882	4 777
宁　夏	1 222 924	42 475	30 865	212 119
新　疆	251 079	91 389	91 209	557 099

各地区乡镇企业营业收入（一）

单位：万元

地区	合计	农林牧渔业	工业企业	建筑业	交通运输仓储业
全国总计	**5 178 345 725**	**72 496 840**	**4 039 109 666**	**264 095 632**	**108 745 260**
北京	46 602 541	188 237	25 364 242	5 798 233	1 397 289
天津	103 604 408		103 604 408		
河北	415 957 175	3 876 299	336 687 295	18 807 660	8 636 677
山西	150 333 960	2 036 037	101 981 962	8 926 706	6 068 215
内蒙古	41 528 940	3 887 296	24 028 747	2 638 820	1 322 107
辽宁	391 680 187		292 026 174	17 507 563	18 552 164
吉林	41 001 603	1 633 854	30 844 953	2 111 862	1 105 168
黑龙江	35 196 342	1 066 568	22 071 958	3 237 541	1 440 396
上海	150 522 267		150 522 267		
江苏	1 206 754 820	5 173 787	978 015 335	51 131 760	14 802 125
浙江	732 123 643	6 592 690	579 352 222	35 261 803	18 441 105
安徽	78 321 478	965 612	65 893 216	9 873 654	357 416
福建	235 196 793	5 016 294	191 267 164	10 274 257	2 827 007
江西	90 565 917	1 826 471	73 004 490	4 592 151	2 568 273
山东	1 142 234 541	23 427 770	855 109 223	65 450 285	27 814 052
河南	201 718 565	5 250 007	162 457 163	8 835 788	2 840 767
湖北	215 056 851	5 849 312	161 297 084	11 754 403	6 686 931
湖南	183 235 672	5 240 715	114 281 365	18 163 819	8 335 219
广东	352 063 761	2 785 983	293 877 609	7 550 106	3 268 157
广西	68 803 110	1 269 227	55 584 834	2 080 352	1 706 149
海南	2 921 433	325 225	1 352 132	261 309	63 514
重庆	86 241 160	1 227 900	53 045 400	12 961 055	2 124 383
四川	225 485 087	5 428 192	175 027 327	14 909 030	3 899 806
贵州					
云南	57 918 854	1 355 315	42 307 977	4 701 466	827 884
西藏					
陕西	82 950 524	3 114 677	60 843 186	4 171 258	559 302
甘肃	18 289 397	402 563	11 365 480	2 998 745	700 015
青海	1 467 475	7 222	1 281 867	79 552	22 433
宁夏	8 009 336	161 429	6 121 138	297 519	100 893
新疆	11 539 885	1 033 862	7 385 444	1 223 006	139 028

各地区乡镇企业营业收入（二）

单位：万元

地　　区	批发零售业	住宿及餐饮业	社会服务业	其他企业
全国总计	**409 089 312**	**103 566 915**	**93 210 223**	**88 031 877**
北　　京	8 622 463	563 594	2 542 056	2 126 427
天　　津				
河　　北	27 880 916	8 381 660	6 308 677	5 377 991
山　　西	17 927 167	6 345 083	4 921 463	2 127 327
内 蒙 古	4 377 093	1 929 856	2 209 308	1 135 713
辽　　宁	33 175 225	12 150 000	8 165 528	10 103 533
吉　　林	2 278 968	1 262 606	892 622	871 570
黑 龙 江	4 940 975	1 417 492	869 798	151 614
上　　海				
江　　苏	113 202 156	11 948 281	13 757 129	18 724 247
浙　　江	55 128 584	9 085 376	17 393 092	10 868 771
安　　徽	581 796	214 126	316 942	118 716
福　　建	15 631 176	4 892 448	1 698 407	3 590 040
江　　西	4 027 406	2 061 369	1 117 652	1 368 105
山　　东	95 953 221	27 826 944	21 017 890	25 635 156
河　　南	10 475 973	4 127 466	3 152 299	4 579 102
湖　　北	16 314 155	6 812 612	4 036 800	2 305 554
湖　　南	13 491 933	5 351 480	15 698 956	2 672 185
广　　东	26 795 315	6 912 329	6 076 594	4 797 668
广　　西	4 457 652	1 842 723	1 062 383	799 790
海　　南	385 676	295 229	130 404	107 944
重　　庆	9 844 217	2 403 262	1 106 909	3 528 034
四　　川	15 202 930	5 508 340	2 679 704	2 829 758
贵　　州				
云　　南	5 898 883	1 255 670	829 890	741 769
西　　藏				
陕　　西	10 719 669	2 165 701	783 507	593 224
甘　　肃	2 046 321	656 321	96 321	23 631
青　　海	31 266	36 999	3 375	4 761
宁　　夏	1 062 830	30 540	29 926	205 061
新　　疆	387 611	94 526	215 472	1 060 936

各地区乡镇企业利润总额（一）

单位：万元

地　区	合　计	农林牧渔业	工业企业	建筑业	交通运输仓储业
全国总计	**317 370 213**	**6 347 404**	**239 931 881**	**17 772 732**	**8 568 996**
北　京	2 460 544	6 974	1 465 345	243 141	93 977
天　津	8 875 553		8 875 553		
河　北	30 380 260	346 622	23 722 452	1 521 823	995 540
山　西	12 016 938	174 856	8 191 596	845 273	454 429
内蒙古	3 999 733	476 228	2 142 196	224 631	141 622
辽　宁	23 445 621		16 623 231	1 354 432	1 122 966
吉　林	3 994 239	395 283	2 536 822	259 658	168 769
黑龙江	2 209 164	87 744	1 383 351	150 586	82 579
上　海	7 619 626		7 619 626		
江　苏	75 782 550	1 121 766	59 436 935	3 681 559	1 168 067
浙　江	38 083 989	358 289	30 359 739	1 255 185	1 031 430
安　徽	7 869 327	134 763	6 258 743	1 123 694	50 694
福　建	14 234 715	354 870	11 000 227	718 409	275 153
江　西	6 322 904	159 079	5 037 063	321 658	175 445
山　东	92 108 546	2 272 534	65 914 061	6 761 906	3 708 630
河　南	22 956 044	634 271	18 030 319	878 009	283 363
湖　北	9 756 592	242 548	6 956 422	530 012	362 458
湖　南	6 180 774	222 098	4 135 312	611 280	299 198
广　东	23 105 943	210 830	18 318 092	624 288	415 761
广　西	6 726 808	521 775	4 393 275	262 710	234 093
海　南	304 052	32 379	128 866	37 579	5 986
重　庆	3 483 269	52 001	2 089 865	467 435	99 132
四　川	17 351 119	406 606	13 037 270	1 278 600	343 896
贵　州					
云　南	4 247 920	111 026	2 947 504	351 671	80 597
西　藏					
陕　西	3 376 906	152 685	2 481 636	168 420	29 333
甘　肃	965 390	50 001	554 120	163 620	30 251
青　海	76 187	1 216	59 154	6 115	1 727
宁　夏	412 062	14 877	311 725	21 613	11 102
新　疆	703 438	67 888	451 512	76 209	21 372

各地区乡镇企业利润总额（二）

单位：万元

地 区	批发零售业	住宿及餐饮业	社会服务业	其他企业
全国总计	**23 168 026**	**8 251 626**	**6 030 034**	**7 299 514**
北 京	225 840	37 444	226 201	161 622
天 津				
河 北	2 110 026	763 677	472 410	447 710
山 西	1 270 187	526 009	358 700	195 888
内 蒙 古	451 758	200 993	233 974	128 331
辽 宁	2 180 607	904 235	525 273	734 877
吉 林	278 597	172 909	77 123	105 078
黑 龙 江	335 177	80 275	55 511	33 941
上 海				
江 苏	6 250 005	1 247 737	982 796	1 893 685
浙 江	2 543 668	666 325	1 139 741	729 612
安 徽	60 149	40 316	35 621	165 347
福 建	1 020 022	414 748	240 184	211 102
江 西	254 648	152 893	106 407	115 711
山 东	7 250 072	2 503 890	1 710 363	1 987 090
河 南	1 136 830	496 226	382 962	1 114 064
湖 北	723 462	425 918	389 216	126 556
湖 南	522 921	190 216	75 879	123 870
广 东	1 431 199	1 111 063	550 037	444 673
广 西	674 148	396 860	117 709	126 238
海 南	33 057	39 006	16 342	10 837
重 庆	443 426	110 555	52 017	168 838
四 川	1 147 714	556 331	299 644	281 058
贵 州				
云 南	413 740	131 758	91 875	119 749
西 藏				
陕 西	388 339	95 676	34 611	26 206
甘 肃	122 369	32 000	5 369	7 660
青 海	3 867	3 106	573	429
宁 夏	26 534	3 574	2 212	20 425
新 疆	52 137	11 339	14 419	8 562

各地区乡镇企业上缴税金（一）

单位：万元

地　区	合　计	农林牧渔业	工业企业	建筑业	交通运输仓储业
全国总计	**138 294 101**	**1 521 235**	**107 869 399**	**8 021 058**	**3 042 470**
北　京	1 887 417	2 442	1 133 105	219 454	74 583
天　津	3 885 838		3 885 838		
河　北	13 321 515	113 636	9 735 848	879 167	286 673
山　西	8 437 611	46 891	5 964 210	568 318	282 241
内蒙古	1 832 844	117 357	1 103 313	93 987	59 363
辽　宁	8 824 438		6 188 538	701 530	384 829
吉　林	992 200	41 863	717 396	59 673	35 626
黑龙江	932 412	15 849	605 266	56 645	40 518
上　海	3 695 782		3 695 782		
江　苏	39 498 418	247 995	31 660 023	1 971 872	801 265
浙　江	21 789 919	191 816	17 790 326	1 077 858	524 439
安　徽	1 553 279	35 217	1 216 973	245 632	11 236
福　建	7 682 140	96 716	6 224 472	410 907	116 232
江　西	4 154 438	79 445	3 043 866	212 512	143 740
山　东	32 773 034	757 837	24 176 665	2 065 925	925 584
河　南	3 891 751	33 288	3 026 504	221 491	44 513
湖　北	5 137 574	52 287	4 027 567	292 654	118 381
湖　南	2 792 598	70 192	1 918 176	349 906	106 889
广　东	10 654 646	55 260	8 612 907	339 781	139 073
广　西	1 914 214	33 724	1 472 403	83 988	55 432
海　南	123 819	6 620	49 183	19 619	2 161
重　庆	2 438 424	14 500	1 629 550	332 333	54 783
四　川	13 568 971	75 198	11 812 371	849 299	116 641
贵　州					
云　南	2 052 633	10 918	1 536 779	188 731	36 566
西　藏					
陕　西	1 275 093	48 293	949 712	55 978	8 673
甘　肃	354 538	5 214	246 321	48 412	8 741
青　海	35 903	253	29 764	2 888	509
宁　夏	175 881	1 030	135 532	8 338	2 636
新　疆	346 771	31 464	222 339	59 026	4 899

各地区乡镇企业上缴税金（二）

单位：万元

地　区	批发零售业	住宿及餐饮业	社会服务业	其他企业
全国总计	**8 850 822**	**3 180 764**	**2 489 294**	**3 319 059**
北　京	180 070	31 720	137 715	108 328
天　津				
河　北	1 083 886	435 380	358 364	428 561
山　西	879 626	319 114	232 590	144 621
内蒙古	182 763	97 730	113 266	65 065
辽　宁	741 206	342 992	208 170	257 173
吉　林	55 433	44 974	17 006	20 229
黑龙江	125 723	45 025	37 657	5 729
上　海				
江　苏	2 640 945	539 505	430 603	1 206 210
浙　江	928 217	303 189	632 135	341 939
安　徽	12 369	8 125	5 932	17 795
福　建	471 185	178 683	67 562	116 383
江　西	318 265	163 940	102 941	89 729
山　东	2 501 869	867 347	500 610	977 197
河　南	257 479	100 531	110 275	97 670
湖　北	317 880	180 437	82 837	65 531
湖　南	162 685	93 094	38 660	52 996
广　东	642 536	394 366	215 693	255 030
广　西	115 939	80 505	41 696	30 527
海　南	12 143	14 107	15 319	4 667
重　庆	175 806	60 779	83 144	87 529
四　川	369 059	181 888	91 625	72 890
贵　州				
云　南	144 910	48 926	37 717	48 086
西　藏				
陕　西	166 209	28 242	10 238	7 748
甘　肃	30 520	12 216	1 026	2 088
青　海	831	1 267	207	184
宁　夏	8 847	1 782	1 392	16 324
新　疆	7 993	2 797	5 137	13 116

各地区乡镇企业劳动者报酬（一）

单位：万元

地　　区	合　计	农林牧渔业	工业企业	建筑业	交通运输仓储业
全国总计	**324 550 211**	**6 491 004**	**236 597 104**	**27 262 218**	**8 762 856**
北　　京	2 820 275	19 050	1 851 402	239 142	96 806
天　　津	6 659 846		6 659 846		
河　　北	14 659 768	126 691	11 265 587	1 211 029	288 754
山　　西	9 442 975	161 457	6 024 496	679 195	365 797
内 蒙 古	2 764 966	121 374	1 444 873	281 379	101 363
辽　　宁	10 525 533		6 291 118	730 042	706 260
吉　　林	2 695 937	717 542	1 396 083	171 079	62 682
黑 龙 江	1 784 606	74 195	1 049 990	201 197	69 823
上　　海	10 678 807		10 678 807		
江　　苏	59 452 708	842 350	43 292 555	5 953 262	1 717 674
浙　　江	38 632 993	249 924	31 349 789	3 015 927	777 596
安　　徽	4 963 156	63 215	4 123 694	532 111	26 312
福　　建	17 009 314	458 621	12 373 372	1 246 325	403 097
江　　西	6 482 207	170 213	4 578 861	362 966	285 333
山　　东	38 365 505	1 111 731	26 351 972	3 169 600	1 169 899
河　　南	10 343 437	384 053	7 075 100	1 027 851	162 496
湖　　北	9 293 587	203 723	5 644 296	860 204	332 651
湖　　南	9 505 965	476 102	6 232 256	1 100 139	421 038
广　　东	29 837 792	217 101	24 207 802	1 040 210	428 929
广　　西	5 256 299	124 914	3 404 245	293 068	238 892
海　　南	354 984	45 972	133 085	34 005	10 549
重　　庆	7 917 996	170 785	4 390 589	2 000 920	255 569
四　　川	14 681 225	331 384	10 141 413	1 750 093	405 447
贵　　州					
云　　南	3 825 121	85 028	2 561 386	533 421	88 827
西　　藏					
陕　　西	4 269 087	105 958	2 882 864	247 423	403 921
甘　　肃	949 523	27 450	442 100	305 231	39 654
青　　海	133 946	1 759	95 147	15 052	4 425
宁　　夏	444 203	14 586	348 324	25 196	8 251
新　　疆	798 450	67 070	375 378	224 194	18 405

各地区乡镇企业劳动者报酬（二）

单位：万元

地　区	批发零售业	住宿及餐饮业	社会服务业	其他企业
全国总计	**20 771 214**	**9 736 506**	**7 464 655**	**7 464 654**
北　京	180 892	103 365	267 948	61 670
天　津				
河　北	910 996	395 952	235 215	225 544
山　西	1 156 628	496 198	365 011	194 193
内蒙古	373 246	232 343	128 672	81 716
辽　宁	1 371 747	562 643	414 588	449 135
吉　林	142 713	75 667	53 926	76 245
黑龙江	196 582	89 710	68 813	34 296
上　海				
江　苏	4 050 148	1 148 628	1 202 390	1 245 701
浙　江	1 353 749	488 151	931 572	466 285
安　徽	20 123	15 123	16 321	166 257
福　建	968 168	663 287	388 976	507 468
江　西	475 861	290 071	148 023	170 879
山　东	2 900 530	1 614 338	1 021 532	1 025 903
河　南	581 147	333 063	278 208	501 519
湖　北	952 046	550 035	376 471	374 161
湖　南	602 025	323 088	118 510	232 807
广　东	1 829 645	967 890	687 289	458 926
广　西	611 206	283 348	151 191	149 435
海　南	46 362	48 908	24 982	11 121
重　庆	511 727	218 493	133 370	236 543
四　川	855 930	571 046	336 594	289 318
贵　州				
云　南	258 697	120 188	113 542	64 032
西　藏				
陕　西	427 677	163 262	28 063	9 919
甘　肃	80 054	40 654	9 666	4 714
青　海	4 555	8 046	1 637	3 325
宁　夏	25 234	4 550	1 854	16 208
新　疆	31 584	23 585	20 036	38 198

各地区乡镇规模农产品加工企业（一）

单位：个、人、万元

地　　区	企业个数	从业人员年平均数	总产值	销售产值
全国总计	**91 064**	**19 490 851**	**1 404 580 254**	**1 359 997 192**
北　　京	486	105 090	5 455 380	5 340 271
天　　津	819	253 423	19 149 767	18 982 060
河　　北	2 868	761 684	40 943 956	39 321 172
山　　西	531	124 357	492 313	7 556 786
内 蒙 古	965	190 690	8 262 988	7 964 132
辽　　宁	5 598	866 035	129 833 726	123 933 172
吉　　林	1 709	340 676	17 987 009	16 467 822
黑 龙 江	1 107	789 054	8 864 369	8 332 095
上　　海	2 368	450 282	25 861 761	26 137 800
江　　苏	13 795	2 319 536	209 970 208	184 895 263
浙　　江	11 696	2 019 530	232 995 416	227 203 954
安　　徽	1 848	279 934	9 190 595	8 751 531
福　　建	6 393	1 944 348	100 505 886	93 851 538
江　　西	1 238	305 676	13 126 861	12 594 911
山　　东	12 702	2 802 397	264 922 148	265 480 616
河　　南	3 263	512 497	26 779 664	26 404 750
湖　　北	2 484	502 279	37 046 475	36 713 156
湖　　南	3 982	866 959	50 674 798	49 053 301
广　　东	7 936	2 250 944	93 510 652	93 535 404
广　　西	1 215	239 387	17 854 752	18 218 700
海　　南	55	13 757	412 121	395 272
重　　庆	852	145 143	5 880 638	5 880 638
四　　川	3 640	876 380	52 786 589	51 909 597
贵　　州				
云　　南	773	125 065	8 000 572	7 137 953
西　　藏				
陕　　西	1 141	171 087	13 268 008	12 210 544
甘　　肃	627	109 610	3 386 750	3 057 600
青　　海	20	2 966	97 563	99 105
宁　　夏	380	61 424	3 094 478	3 574 797
新　　疆	573	60 641	4 224 811	4 993 252

各地区乡镇规模农产品加工企业（二）

单位：个、人、万元

地　　区	营业收入	利润总额	上缴税金	劳动者报酬
全国总计	**1 327 095 672**	**90 597 744**	**36 100 564**	**60 139 568**
北　　京	6 148 810	161 034	282 749	554 487
天　　津	19 232 686	2 342 462	899 792	1 422 999
河　　北	40 570 678	2 810 303	1 477 008	1 712 713
山　　西	7 485 568	547 079	292 711	342 384
内 蒙 古	8 196 659	744 788	335 692	385 888
辽　　宁	123 511 363	6 463 683	1 566 214	2 334 724
吉　　林	19 014 841	947 354	334 040	371 800
黑 龙 江	8 457 603	538 995	248 776	194 005
上　　海	27 181 771	1 305 279	930 471	2 177 815
江　　苏	141 190 065	9 536 292	7 052 151	10 135 250
浙　　江	227 113 567	11 983 560	3 795 585	10 550 131
安　　徽	8 293 758	483 878		
福　　建	95 011 954	5 599 348	2 970 525	5 779 728
江　　西	12 670 372	893 955	527 047	497 345
山　　东	268 609 851	25 727 603	8 049 502	7 821 113
河　　南	26 219 914	2 233 079	349 024	921 718
湖　　北	38 087 416	2 106 512	1 047 913	1 028 558
湖　　南	48 535 691	2 330 847	813 860	1 716 816
广　　东	92 570 951	6 118 887	2 368 643	7 010 673
广　　西	17 217 428	1 368 651	351 973	622 946
海　　南	394 182	32 824	15 725	27 246
重　　庆	5 802 778	281 858	225 157	410 486
四　　川	54 092 112	4 389 637	1 645 056	2 898 989
贵　　州				
云　　南	7 364 593	447 030	220 172	322 439
西　　藏				
陕　　西	13 106 330	414 182	53 295	415 033
甘　　肃	2 813 496	181 844	74 596	194 900
青　　海	91 273	3 173	1 035	4 906
宁　　夏	3 559 820	70 835	76 160	134 136
新　　疆	4 550 141	532 772	95 692	150 340

各地区乡镇企业个体工商户情况

地区	单位数（个）	从业人员年末数（人）	注册资金（万元）	营业收入（万元）	上缴税金（万元）
全国总计	**25 050 157**	**63 477 415**	**127 621 174**	**1 241 868 675**	**30 259 693**
北京	131 607	503 468	339 522	6 116 137	237 854
天津	96 347	499 237	609 822	17 691 245	384 359
河北	1 521 439	7 981 044	9 568 903	183 351 499	3 690 660
山西	745 767	2 868 608	3 586 807	30 385 193	1 135 866
内蒙古	465 191	1 280 509	2 773 807	11 175 802	546 707
辽宁	996 914	3 407 439	7 788 893	165 086 813	2 367 358
吉林	526 421	1 605 934	1 245 094	26 220 370	508 550
黑龙江	487 308	1 627 678	2 235 660	14 577 715	367 807
上海	152 951	294 862	350 560	3 720 206	175 069
江苏	2 593 451	3 011 635	19 226 048	173 822 509	6 353 997
浙江	484 071	2 055 923		67 977 726	1 429 114
安徽	981 145	4 123 216	6 701 232	22 223 214	532 614
福建	849 122	2 597 139	4 110 918	23 573 557	789 041
江西	773 974	2 351 665	4 126 069	15 924 847	710 952
山东	2 439 208	8 688 781	8 972 006	61 784 720	3 145 331
河南	1 912 529	7 510 180	7 474 192	152 476 411	1 232 244
湖北	917 221	2 852 789	4 213 000	25 353 000	834 830
湖南	1 313 856	4 472 038	13 085 394	55 245 953	1 144 930
广东	1 495 494	5 808 510	5 779 062	39 038 262	1 333 729
广西	814 850	2 615 479	3 391 927	16 558 690	450 456
海南	55 067	234 762	383 492	1 052 797	38 340
重庆	248 049	439 861	1 141 025	3 358 583	58 586
四川	1 943 385	5 313 784	7 802 587	27 104 196	809 693
贵州					
云南	1 031 027	2 904 856	3 431 385	31 937 682	704 354
西藏					
陕西	1 229 053	3 730 608	5 907 409	44 486 413	695 578
甘肃	375 123	1 365 210	1 985 214	16 520 224	385 410
青海	125 804	264 987	219 079	1 410 914	47 204
宁夏	76 979	208 019	100 857	611 347	82 002
新疆	266 804	459 194	1 071 210	3 082 650	67 058

各地区乡镇企业外向型经济情况

单位：个、万元

地　区	出口企业		本年末止			
	单位数	交货值	境外办企业单位数	境外办企业累计投资	外商对乡镇企业实际投资额（万美元）	港澳台商对乡镇企业实际投资额（万美元）
全国总计	**172 142**	**454 966 817**	**42 088**	**13 359 800**	**4 134 958**	**2 403 955**
北　京	431	1 210 724	133	34 303	17 673	2 950
天　津	1 338	8 015 644	28	13 638	200 339	20 149
河　北	8 463	14 804 746	58	465 027	114 609	238 850
山　西	287	1 434 591	6	24 564	200	357
内蒙古	90	405 517	6	13 357	6 108	3 716
辽　宁	5 170	16 579 946	57	148 847	234 857	107 086
吉　林	2 314	620 028	8	29 220	2 442	3 248
黑龙江	828	114 930	45	17 078	1 396	2 578
上　海	3 968	45 018 580	929	3 891 662	221 064	222 570
江　苏	19 093	97 477 163	413	2 835 488	1 470 914	638 802
浙　江	41 816	82 298 169	33 335	774 452	447 007	170 460
安　徽	3 321	4 023 612	80	38 750	22 825	11 362
福　建	7 965	20 888 658	1 945	1 278 541	149 288	142 458
江　西	741	3 189 970	3	15 045	240 067	74 317
山　东	25 371	59 126 867	1 363	1 673 149	401 740	210 609
河　南	6 628	4 181 397	47	88 462	49 020	36 610
湖　北	1 256	6 594 828	57	309 265	76 485	71 962
湖　南	4 289	3 142 041	286	484 996	41 571	182 593
广　东	27 110	65 794 724	45	748 033	254 247	159 889
广　西	2 567	11 138 898	2 441	172 526	7 918	74 543
海　南	22	54 945				
重　庆	245	2 646 698	11	156 870	5 751	2 080
四　川	4 779	2 160 401	629	116 024	102 389	2 560
贵　州						
云　南	184	810 576	10	10 469	1 751	750
西　藏						
陕　西	326	2 206 489	153	19 601	30 349	13 297
甘　肃	3 212	601 203			2 895	1 856
青　海	5	953		433		
宁　夏	100	353 459			28 255	5 442
新　疆	223	71 060			3 798	2 861

七、农　　垦

全国农垦生产建设综合情况（一）

项　　目	单　位	2013 年	2012 年	2013 年比 2012 年增减	
				绝对量	%
基本情况					
农垦国有企业	个	5 404	5 226	178	3.41
农场	个	1 779	1 786	-7	-0.39
工业企业	个	1 298	1 249	49	3.92
建筑企业	个	509	534	-25	-4.68
运输企业	个	227	212	15	7.08
商业企业	个	1 591	1 445	146	10.10
总人口	万人	1 412.74	1 361.21	51.53	3.79
职工总数	万人	323.96	317.54	6.42	2.02
在岗职工人数	万人	298.02	287.86	10.16	3.53
耕地面积	千公顷	6 210.51	6 123.72	86.79	1.42
当年造林	千公顷	57.23	60.18	-2.95	-4.90
橡胶面积	千公顷	447.82	443.03	4.79	1.08
农垦生产总值	亿元	5 937.55	5 074.31	863.24	12.80
第一产业增加值	亿元	1 750.10	1 569.29	180.81	7.50
第二产业增加值	亿元	2 613.22	2 164.30	448.92	16.90
第三产业增加值	亿元	1 574.23	1 340.72	233.51	17.50
工农业总产值	亿元	11 473.59	9 585.86	1 887.73	17.10
农业总产值	亿元	3 356.34	3 100.42	255.92	8.25
工业总产值	亿元	8 117.25	6 485.44	1 631.81	18.30
农垦人均生产总值	元/人·年	42 996.00	37 811.00	5 185.00	13.10
工资总额	亿元	893.98	717.12	176.86	24.66
职工平均工资	元/人·年	27 660	22 584	5 076	13.20
在岗职工平均工资	元/人·年	28 131	24 467	3 664	13.70
人均纯收入	元/人·年	12 318	10 919	1 399	9.70
固定资产投资总额	亿元	3 996.28	3 321.91	674.37	20.30
主要农作物面积产量					
农作物总播种面积	千公顷	6 664.83	6 510.45	154.38	2.40

注：表中价值量指标均按当年价格计算，增长速度按可比价格计算。

全国农垦生产建设综合情况（二）

项　　目	单　位	2013 年	2012 年	2013 年比 2012 年增减	
				绝对量	%
粮食作物面积	千公顷	4 839.83	4 725.86	113.97	2.40
粮食作物总产量	万吨	3 419.88	3 371.36	48.52	1.40
棉花面积	千公顷	769.96	732.49	37.47	5.10
棉花总产量	万吨	176.18	172.27	3.91	2.30
油料作物面积	千公顷	356.54	379.16	-22.62	-6.00
油料作物总产量	万吨	80.42	78.26	2.16	2.80
糖料作物面积	千公顷	111.25	112.04	-0.79	-0.70
糖料作物总产量	万吨	846.16	850.65	-4.49	-0.50
干胶总产量	万吨	33.14	33.17	-0.03	-0.10
剑麻产量（折纤维）	万吨	3.05	3.04	0.01	0.30
水果总产量	万吨	478.03	409.39	68.64	16.80
茶叶总产量	万吨	4.41	4.40	0.01	0.20
牲畜头数和畜、水产品产量					
猪年末头数	万头	1 313.48	1 328.42	-14.94	-1.10
大牲畜年末头数	万头	295.57	344.64	-49.07	-14.20
良种及改良种奶牛	万头	146.71	151.50	-4.79	-3.20
羊年末只数	万只	1 302.47	1 320.40	-17.93	-1.40
肉类总产量	万吨	286.35	296.55	-10.20	-3.40
牛奶总产量	万吨	402.07	435.04	-32.97	-7.60
羊毛总产量	万吨	3.23	2.78	0.45	16.20
禽蛋总产量	万吨	47.75	47.65	0.10	0.20
鹿茸总产量	吨	77.32	79.13	-1.81	-2.30
蜂蜜总产量	吨	11 459.00	10 892.00	567.00	5.20
水产品产量	万吨	150.96	137.77	13.19	9.60
主要农业机械、电和化肥用量					
农业机械总动力	万千瓦	2 621.01	2 457.21	163.80	6.67
大中型农用拖拉机	万台	17.68	17.42	0.26	1.49
	万千瓦	767.80	733.96	33.84	4.61

全国农垦生产建设综合情况（三）

项　　目	单　位	2013 年	2012 年	2013 年比 2012 年增减	
				绝对量	%
农用小型及手扶拖拉机	万台	33.30	32.81	0.49	1.49
	万千瓦	373.27	387.72	-14.45	-3.73
农用排灌动力机械	万台	28.84	27.74	1.10	3.97
	万千瓦	409.71	389.47	20.24	5.20
联合收割机	万台	4.84	4.61	0.23	4.99
	万千瓦	359.59	327.36	32.23	9.85
农场用电量	亿千瓦时	184.27	130.71	53.56	40.98
农用化肥施用总量	万吨	260.97	248.33	12.64	5.09
主要工业产品产量					
原煤	万吨	3 430.41	3 300.09	130.32	3.95
混配合饲料	万吨	775.32	660.15	115.17	17.45
食用植物油	万吨	343.38	275.72	67.66	24.54
机制糖	万吨	250.62	232.40	18.22	7.84
乳制品	万吨	348.56	326.17	22.39	6.86
液体乳	万吨	301.16	297.12	4.04	1.36
饮料酒	万千升	169.33	161.20	8.13	5.04
葡萄酒	万千升	7.47	7.44	0.03	0.40
纱	万吨	67.81	63.16	4.65	7.36
布	亿米	6.30	5.82	0.48	8.25
机制纸和纸板	万吨	45.82	46.71	-0.89	-1.91
水泥	万吨	3 139.54	2 848.96	290.58	10.20
砖	亿块	172.58	172.23	0.35	0.20
发电量	亿千瓦时	490.57	357.70	132.87	37.15
粮食商品量	**万吨**	**3 041.55**	**3 025.20**	**16.35**	**0.54**
粮食商品率	%	88.94	89.73		
出口商品总金额	**亿元**	**838.00**	**756.04**	**81.96**	**10.84**
贸易业、餐饮业销售总额	**亿元**	**5 464.42**	**3 912.04**	**1 552.38**	**39.68**
服务业营业收入	**亿元**	**256.28**	**259.04**	**-2.76**	**-1.07**

各地区农垦基本情况（一）

地　区	国有企业个数（个）	农场	工业	建筑业	运输业	商业	总人口（人）	职工人数（人）
全国总计	**5 404**	**1 779**	**1 298**	**509**	**227**	**1 591**	**14 127 418**	**3 239 578**
北　京	63	9	28	2	5	19	66 268	42 965
天　津	47	15	18	2	1	11	17 810	5 286
河　北	84	33	22	8	3	18	450 293	66 445
山　西	30	26	2			2	28 248	4 689
内蒙古	166	103	26		1	36	556 900	9 679
辽　宁	185	109	12	8	1	55	928 363	253 739
吉　林	99	88	2			9	283 182	45 274
黑龙江	841	113	174	42	97	415	1 722 718	436 549
上　海	477	19	90	8	50	310	135 506	94 056
江　苏	49	18	20	6		5	194 584	61 879
浙　江	66	56	4			6	54 957	2 039
安　徽	49	20	9	3		17	126 734	26 089
福　建	151	113	31			7	234 341	30 103
江　西	286	154	89	15	4	24	1 218 938	343 436
山　东	27	14	6	1		6	23 051	5 114
河　南	134	97	24	1		12	173 850	37 489
湖　北	196	53	101	16	4	22	1 450 114	383 284
湖　南	308	69	127	87	10	15	689 136	148 476
广　东	256	46	103	13	10	84	377 210	51 205
广　西	182	41	76	26	2	37	369 259	32 253
海　南	248	46	48	89	10	55	937 522	163 638
重　庆	25	14	5	1	1	4	20 700	6 221
四　川	42	36	4			2	13 310	3 131
贵　州	44	38	6			0	24 763	4 855
云　南	109	41	36	4	4	24	339 450	72 684
西　藏								
陕　西	60	12	5			43	27 792	4 689
甘　肃	88	18	46	3	1	20	101 586	20 021
青　海	22	17	4			1	49 761	604
宁　夏	41	14	16	3		8	138 425	18 601
新疆（兵团）	735	175	118	156	11	275	2 701 035	710 941
新疆（农业）	155	46	41	14	9	45	226 132	45 994
新疆（畜牧）	133	124	3	1	3	2	428 803	103 222
热科院		1				0	12 325	2 694
广　州	2		1			1	1 446	1 446
南　京	3	1	1			1	2 906	788

各地区农垦基本情况（二）

地　　区	耕　地 面　积 （公顷）	农作物 耕地面积 （公顷）	农　　垦 生产总值 （万元）	农垦人均 生产总值 （元/人·年）	工农业 总产值 （万元）	出口商品 总金额 （万元）
全国总计	**6 210 511**	**6 664 828**	**59 375 473**	**42 996**	**114 735 931**	**8 379 986**
北　　京	1 482	767	545 255	83 758	1 348 551	70 072
天　　津	2 687	2 825	147 592	83 113	250 885	4 272
河　　北	95 423	103 049	3 989 983	89 172	9 323 220	100 099
山　　西	6 767	6 284	58 420	21 247	88 069	
内 蒙 古	660 241	677 366	1 504 447	29 472	1 796 823	140
辽　　宁	155 145	172 060	2 762 851	29 806	11 273 543	278 000
吉　　林	121 646	121 404	366 753	12 955	871 832	1 430
黑 龙 江	2 885 333	2 879 922	12 448 352	72 028	20 129 289	401 139
上　　海	29 445	58 409	1 413 447	103 031	2 984 856	91 501
江　　苏	67 669	120 126	1 127 365	58 366	2 346 824	41 803
浙　　江	4 039	5 087	230 355	41 916	1 459 930	54 602
安　　徽	29 843	58 987	227 431	18 011	413 584	
福　　建	10 937	22 878	498 389	21 813	1 293 697	42 177
江　　西	81 101	136 304	1 835 308	16 188	5 621 555	301 619
山　　东	13 663	17 410	154 663	66 858	971 387	
河　　南	29 824	55 080	150 843	10 429	456 633	1 426
湖　　北	135 946	302 316	7 350 000	50 866	17 239 072	342 078
湖　　南	67 181	150 259	1 258 148	19 557	1 633 789	25 060
广　　东	37 820	48 106	1 291 257	34 260	2 380 288	575 922
广　　西	33 760	32 757	3 827 214	109 022	5 755 292	127 557
海　　南	37 718	62 641	1 583 421	17 187	1 440 135	4 776
重　　庆	306	666	149 597	71 407	878 703	
四　　川	899	1 068	21 742	17 205	39 508	490
贵　　州	1 722	2 537	37 028	16 560	90 194	
云　　南	12 369	19 325	386 271	11 365	735 277	2 988
西　　藏						
陕　　西	9 176	12 960	44 290	16 168	57 953	
甘　　肃	63 651	68 632	187 878	18 298	468 315	
青　　海	26 492	19 577	22 611	9 921	35 010	
宁　　夏	41 274	39 773	200 827	15 490	327 068	6 120
新疆（兵团）	1 247 048	1 174 120	14 800 000	55 331	21 858 942	5 892 723
新疆（农业）	101 233	91 304	225 077	9 979	408 353	10 715
新疆（畜牧）	198 042	200 590	480 706	11 210	696 895	
热 科 院	630	236	23 681	19 745	3 889	
广　　州			19 896	151 071	43 824	3 277
南　　京		4	4 374	14 869	12 748	

各地区农垦生产总值

地　区	生产总值（万元）				构成（%）		
		第一产业	第二产业	第三产业	第一产业	第二产业	第三产业
全国总计	**59 375 473**	**17 500 958**	**26 132 230**	**15 742 285**	**29.5**	**44.0**	**26.5**
北　京	545 255	147 408	133 001	264 846	27.0	24.4	48.6
天　津	147 592	21 748	28 696	97 148	14.7	19.5	65.8
河　北	3 989 983	388 523	2 305 102	1 296 358	9.7	57.8	32.5
山　西	58 420	12 870	27 411	18 139	22.1	46.9	31.0
内蒙古	1 504 447	787 143	491 508	225 796	52.3	32.7	15.0
辽　宁	2 762 851	890 100	1 355 651	517 100	32.2	49.1	18.7
吉　林	366 753	159 742	139 621	67 390	43.6	38.1	18.4
黑龙江	12 448 352	5 855 868	3 205 574	3 386 911	47.0	25.8	27.2
上　海	1 413 447	127 499	532 818	753 130	9.0	37.7	53.3
江　苏	1 127 365	225 865	580 786	320 714	20.1	51.5	28.4
浙　江	230 355	16 576	209 507	4 273	7.2	90.9	1.9
安　徽	227 431	103 267	61 168	62 996	45.4	26.9	27.7
福　建	498 389	103 639	341 458	53 292	20.8	68.5	10.7
江　西	1 835 308	237 146	1 182 371	415 791	12.9	64.4	22.7
山　东	154 663	56 306	87 863	10 494	36.4	56.8	6.8
河　南	150 843	70 473	52 617	27 753	46.7	34.9	18.4
湖　北	7 350 000	855 740	4 866 564	1 627 696	11.7	66.2	22.1
湖　南	1 258 148	347 377	652 155	258 616	27.6	51.8	20.6
广　东	1 291 257	421 034	573 304	296 919	32.6	44.4	23.0
广　西	3 827 214	459 256	2 408 223	959 735	12.0	62.9	25.1
海　南	1 583 421	803 646	217 556	562 219	50.8	13.7	35.5
重　庆	149 597	11 927	96 820	40 850	8.0	64.7	27.3
四　川	21 742	5 576	13 148	3 017	25.6	60.5	13.9
贵　州	37 028	11 640	25 388		31.4	68.6	
云　南	386 271	265 808	40 965	79 498	68.8	10.6	20.6
西　藏							
陕　西	44 290	24 937	11 939	7 414	56.3	27.0	16.7
甘　肃	187 878	73 775	102 960	11 143	39.3	54.8	5.9
青　海	22 611	20 805	346	1 460	92.0	1.5	6.5
宁　夏	200 827	98 869	63 973	37 985	49.2	31.9	18.9
新疆（兵团）	14 800 000	4 350 000	6 230 000	4 220 000	29.4	42.1	28.5
新疆（农业）	225 077	134 771	42 392	47 914	59.9	18.8	21.3
新疆（畜牧）	480 706	405 856	40 153	34 698	84.4	8.4	7.2
热科院	23 681			23 681			100.0
广　州	19 896	5 229	10 100	4 567	26.3	50.8	23.0
南　京	4 374	540	1 091	2 743	12.4	24.9	62.7

各地区农垦工农业总产值

地区	工农业总产值（万元）	农业	工业	构成（%） 农业	工业
全国总计	**114 735 931**	**33 563 443**	**81 172 488**	**29.3**	**70.7**
北京	1 348 551	699 672	648 879	51.9	48.1
天津	250 885	84 310	166 575	33.6	66.4
河北	9 323 220	845 827	8 477 393	9.1	90.9
山西	88 069	27 235	60 834	30.9	69.1
内蒙古	1 796 823	1 039 824	756 999	57.9	42.1
辽宁	11 273 543	1 784 766	9 488 777	15.8	84.2
吉林	871 832	371 082	500 750	42.6	57.4
黑龙江	20 129 289	10 580 586	9 548 703	52.6	47.4
上海	2 984 856	479 985	2 504 871	16.1	83.9
江苏	2 346 824	589 521	1 757 303	25.1	74.9
浙江	1 459 930	95 074	1 364 856	6.5	93.5
安徽	413 584	186 562	227 022	45.1	54.9
福建	1 293 697	231 012	1 062 685	17.9	82.1
江西	5 621 555	461 768	5 159 787	8.2	91.8
山东	971 387	104 017	867 370	10.7	89.3
河南	456 633	178 590	278 043	39.1	60.9
湖北	17 239 072	1 785 045	15 454 027	10.4	89.6
湖南	1 633 789	560 468	1 073 321	34.3	65.7
广东	2 380 288	755 615	1 624 673	31.7	68.3
广西	5 755 292	759 179	4 996 113	13.2	86.8
海南	1 440 135	1 252 271	187 864	87.0	13.0
重庆	878 703	69 154	809 549	7.9	92.1
四川	39 508	10 508	29 000	26.6	73.4
贵州	90 194	28 635	61 559	31.7	68.3
云南	735 277	606 190	129 087	82.4	17.6
西藏					
陕西	57 953	32 580	25 373	56.2	43.8
甘肃	468 315	199 343	268 972	42.6	57.4
青海	35 010	30 820	4 190	88.0	12.0
宁夏	327 068	216 961	110 107	66.3	33.7
新疆（兵团）	21 858 942	8 511 837	13 347 105	38.9	61.1
新疆（农业）	408 353	340 066	68 287	83.3	16.7
新疆（畜牧）	696 895	627 006	69 889	90.0	10.0
热科院	3 889	3 889		100.0	
广州	43 824	12 357	31 467	28.2	71.8
南京	12 748	1 689	11 059	13.2	86.8

各地区农垦出口商品金额

单位：万元

地 区	出口商品总金额			工业品金额		
	2013 年	2012 年	增减（%）	2013 年	2012 年	增减（%）
全国总计	**8 379 986**	**7 560 415**	**10.84**	**7 004 666**	**6 842 866**	**2.36**
北 京	70 072	84 134	-16.71	28 963	13 388	116.34
天 津	4 272	5 174	-17.43	4 272	5 174	-17.43
河 北	100 099	95 587	4.72	86 258	80 782	6.78
山 西						
内 蒙 古	140	233	-39.91	140		
辽 宁	278 000	256 710	8.29	210 337	218 903	-3.91
吉 林	1 430	1 938	-26.21			
黑 龙 江	401 139	369 042	8.70	147 251	153 703	-4.20
上 海	91 501	91 330	0.19	87 035	88 103	-1.21
江 苏	41 803	52 466	-20.32	14 289	13 503	5.82
浙 江	54 602	98 199	-44.40	54 602	98 199	-44.40
安 徽						
福 建	42 177	32 678	29.07	20 723	17 850	16.10
江 西	301 619	263 883	14.30	292 550	241 439	
山 东						
河 南	1 426	2 200	-35.18			
湖 北	342 078	281 510	21.52	265 827	229 838	15.66
湖 南	25 060	26 895	-6.82	18 072	17 876	1.10
广 东	575 922	534 325	7.78	538 521	489 909	9.92
广 西	127 557	131 120	-2.72	111 652	117 336	-4.84
海 南	4 776	7 061	-32.36	4 671	6 665	-29.92
重 庆						
四 川	490	426				
贵 州						
云 南	2 988	8 192	-63.53	2 988	8 192	-63.53
西 藏						
陕 西						
甘 肃						
青 海						
宁 夏	6 120	6 029	1.51			
新疆（兵团）	5 892 723	5 197 422	13.38	5 116 515	5 042 006	1.48
新疆（农业）	10 715	10 598	1.10			
新疆（畜牧）						
热 科 院						
广 州	3 277	3 263	0.43			
南 京						

全国农垦农作物播种面积和产量

项　　目	播种面积（千公顷）		总产量（吨）		每公顷产量（千克）	
	2013 年	2012 年	2013 年	2012 年	2013 年	2012 年
农作物总计	**6 664.83**	**6 510.45**				
粮食	4 839.83	4 725.86	34 198 763	33 713 572	7 066	7 134
夏收粮食	462.77	460.70	2 700 051	2 516 598	5 834	5 463
稻谷	2 137.50	2 090.73	18 556 768	18 194 452	8 682	8 702
早稻	95.01	83.60	604 653	524 101	6 364	6 269
小麦	570.33	549.73	2 779 140	2 664 255	4 873	4 846
春小麦	270.87	237.40	1 049 234	1 066 904	3 874	4 494
玉米	1 473.68	1 381.49	10 995 636	10 638 263	7 461	7 701
谷子	2.60	2.54	8 276	7 497	3 188	2 952
高粱	11.91	11.46	73 832	65 486	6 197	5 714
大豆	451.38	495.61	895 211	1 214 975	1 983	2 451
薯类	62.88	55.96	444 523	384 902	7 069	6 878
油料	356.54	379.16	804 248	782 621	2 256	2 064
花生	34.89	32.36	134 494	110 758	3 855	3 423
油菜籽	220.52	244.44	410 802	421 634	1 863	1 725
向日葵	86.43	83.81	233 058	220 209	2 697	2 627
棉花	769.96	732.49	1 761 834	1 722 665	2 288	2 352
麻类	2.38	2.55	11 057	13 352	4 639	5 236
糖料	111.24	112.04	8 461 616	8 506 475	76 063	75 924
甘蔗	63.76	62.12	5 644 143	5 349 942	88 521	86 123
烟叶	2.38	2.40	5 034	5 747	2 115	2 395
药材	26.53	21.21	147 021	79 377	5 542	3 742
蔬菜、瓜类	275.57	270.28	12 864 969	11 276 073	46 685	41 720
其他农作物	273.80	264.46				

各地区农垦主要农作物播种面积和产量（一）

地区	农作物播种面积（公顷）	粮食					
					稻谷		
		播种面积（公顷）	总产量（吨）	每公顷产量（千克）	播种面积（公顷）	总产量（吨）	每公顷产量（千克）
全国总计	**6 664 828**	**4 839 834**	**34 198 763**	**7 066**	**2 137 502**	**18 556 768**	**8 681**
北京	767	582	3 275	5 627			
天津	2 825	2 503	17 882	7 144	859	7 592	8 838
河北	103 049	71 160	483 966	6 801	23 528	209 224	8 893
山西	6 284	5 183	32 013	6 177			
内蒙古	677 366	499 435	1 876 198	3 757	3 031	17 865	5 894
辽宁	172 060	152 907	1 390 272	9 092	97 455	988 646	10 145
吉林	121 404	110 485	851 437	7 706	40 427	353 390	8 741
黑龙江	2 879 922	2 803 387	21 209 471	7 566	1 567 146	13 856 705	8 842
上海	58 409	43 610	332 593	7 626	23 276	202 558	8 703
江苏	120 126	112 078	886 124	7 906	49 625	461 728	9 304
浙江	5 087	2 014	10 083	5 006	902	6 084	6 745
安徽	58 987	54 751	313 540	5 727	12 153	106 290	8 746
福建	22 878	12 026	66 120	5 498	8 301	48 240	5 811
江西	136 304	101 000	686 812	6 800	94 595	655 865	6 933
山东	17 410	10 634	65 944	6 167	2 684	17 527	6 530
河南	55 080	44 817	275 834	6 155	1 003	7 391	7 369
湖北	302 316	165 405	950 419	5 746	50 179	427 664	8 523
湖南	150 259	94 916	619 926	6 531	83 302	572 925	6 878
广东	48 106	8 611	59 373	6 895	5 362	38 287	7 140
广西	32 757	2 569	15 702	6 113	645	4 590	7 116
海南	62 641	31 277	175 049	5 597	25 967	146 638	5 647
重庆	666	666	3 400	5 105	133	400	3 008
四川	1 068	509	4 310	4 036	73	540	7 397
贵州	2 537	1 135	6 463	5 694	346	2 527	7 303
云南	19 325	12 079	58 858	3 046	4 432	31 622	7 135
西藏							
陕西	12 960	10 653	54 542	5 120	163	1 418	8 699
甘肃	68 632	38 405	273 639	7 125			
青海	19 577	7 629	33 381	4 376			
宁夏	39 773	34 146	356 667	10 445	11 217	93 770	8 360
新疆（兵团）	1 174 120	271 340	2 063 000	7 603	21 813	210 300	9 641
新疆（农业）	91 304	36 413	259 665	7 131	4 012	36 951	9 210
新疆（畜牧）	200 590	97 320	761 172	68 333	4 709	49 102	10 428
热科院	236	189	1 634	8 650	164	929	5 656
广州							
南京							

各地区农垦主要农作物播种面积和产量（二）

地区	粮食						
	小麦			玉米			大豆
	播种面积（公顷）	总产量（吨）	每公顷产量（千克）	播种面积（公顷）	总产量（吨）	每公顷产量（千克）	播种面积（公顷）
全国总计	**570 330**	**2 779 140**	**4 873**	**1 473 682**	**10 995 636**	**7 461**	**451 378**
北京	215	914	4 251	367	2 360	6 431	
天津	258	1 587	6 151	1 380	8 613	6 241	3
河北	16 684	76 315	4 574	21 308	136 984	6 429	499
山西	257	869	3 381	4 439	28 385	6 394	132
内蒙古	130 117	312 999	2 406	192 397	1 165 469	6 058	117 970
辽宁	33	165	5 000	46 744	370 638	7 929	4 886
吉林				60 078	471 830	7 854	3 043
黑龙江	10 014	56 060	5 598	890 869	6 563 032	7 367	284 905
上海	10 505	69 132	6 581	278	1 933	6 945	37
江苏	43 490	304 907	7 011	2 701	18 644	6 903	97
浙江	341	1 168	3 425	157	913	5 815	565
安徽	27 324	156 165	5 715	1 915	11 639	6 077	11 913
福建	19	134	7 053	557	2 569	4 612	729
江西	433	1 380	3 185	1 062	4 706	4 431	2 029
山东	3 832	25 163	6 567	3 462	21 880	6 320	583
河南	24 740	161 545	6 530	12 963	89 126	6 876	5 724
湖北	80 834	349 120	4 319	23 334	134 044	5 745	4 389
湖南	2 868	10 553	35 060	5 107	27 084	53 033	1 389
广东				684	5 646	8 254	161
广西				1 342	7 997	5 960	105
海南				901	6 244	6 930	262
重庆				533	3 000	5 629	
四川	64	283	4 422	61	188	3 082	2
贵州	47	83	1 765	473	1 658	3 505	22
云南	278	418	1 504	7 011	25 208	3 595	
西藏							
陕西	4 803	14 110	2 938	4 342	30 682	7 066	1 100
甘肃	16 516	102 907	6 231	13 926	116 492	8 365	258
青海	2 578	13 283	5 153				
宁夏	891	5 942	6 669	21 966	256 793	11 690	15
新疆（兵团）	133 606	847 700	6 345	95 067	877 600	9 231	6 573
新疆（农业）	13 389	70 694	5 280	16 971	143 320	8 445	1 213
新疆（畜牧）	46 195	195 545	12 924	41 286	460 957	83 099	2 774
热科院				…	1	3 125	
广州							
南京							

各地区农垦主要农作物播种面积和产量（三）

地区	粮食		棉花			油料	
	大豆						
	总产量（吨）	每公顷产量（千克）	播种面（公顷）	总产量（吨）	每公顷产量（千克）	播种面积（公顷）	总产量（吨）
全国总计	**895 211**	**1 983**	**769 961**	**1 761 834**	**2 288**	**356 541**	**804 248**
北京							
天津	10	3 333	19	61	3 211		
河北	1 051	2 106	14 440	20 444	1 416	1 515	1 852
山西	252	1 909	80	190	2 375	68	144
内蒙古	144 616	1 226	7	11	1 571	156 139	255 419
辽宁	15 406	3 153				4 197	13 927
吉林	6 143	2 019				8 378	16 784
黑龙江	620 924	2 179				5 566	10 497
上海	69	1 872				333	550
江苏	676	6 969	1 381	2 035	1 474	270	1 007
浙江	1 737	3 074	75	86	1 147	118	261
安徽	30 940	2 597	1 514	2 489	1 644	659	1 526
福建	1 711	2 347				1 513	4 328
江西	4 532	2 233	3 456	8 337	2 412	15 331	31 109
山东	1 316	2 257	4 963	3 939	792	148	684
河南	15 082	2 635	1 108	1 257	1 135	5 820	23 267
湖北	9 676	2 205	47 546	66 732	1 404	32 346	93 601
湖南	2 631	1 894	7 012	14 186	2 023	23 518	60 754
广东	460	2 857				2 906	8 681
广西	425	4 032				1 227	4 953
海南	590	2 252				2 331	5 818
重庆							
四川	4	2 050				18	30
贵州	21	954				597	810
云南						84	107
西藏							
陕西	3 963	3 603	435	1 560	3 586	421	1 232
甘肃	774	3 000	4 018	6 504	1 619	6 576	22 383
青海						10 955	13 344
宁夏	80	5 333				1 207	4 194
新疆（兵团）	22 100	3 362	590 807	1 465 200	2 480	50 453	171 500
新疆（农业）	3 313	2 731	41 862	86 654	2 070	4 976	12 061
新疆（畜牧）	6 707	2 418	51 238	82 149	1 603	18 867	43 410
热科院						3	12
广州							
南京							

各地区农垦主要农作物播种面积和产量（四）

地 区	油 料	油菜籽			糖 料		
	每公顷产量（千克）	播种面积（公顷）	总产量（吨）	每公顷产量（千克）	播种面积（公顷）	总产量（吨）	每公顷产量（千克）
全国总计	**2 256**	**220 523**	**410 802**	**1 863**	**111 245**	**8 461 616**	**76 063**
北 京							
天 津							
河 北	1 222	595	431	724	173	9 082	52 497
山 西	2 118	9	28	3 111	14	715	51 071
内 蒙 古	1 636	122 069	181 514	1 487	637	29 090	45 667
辽 宁	3 318				24	990	41 250
吉 林	2 003						
黑 龙 江	1 886	76	233	3 066	16 705	435 866	26 092
上 海	1 650	333	550	1 650			
江 苏	3 730	270	1 007	3 730			
浙 江	2 212	115	252	2 191			
安 徽	2 317	299	687	2 303	2	5	2 500
福 建	2 861	111	149	1 342	365	26 067	71 416
江 西	2 029	10 704	18 616	1 739	268	8 155	30 435
山 东	4 622						
河 南	3 998	355	573	1 616			
湖 北	2 894	23 520	58 004	2 466	97	7 605	78 402
湖 南	2 583	22 802	59 424	2 606	870	61 925	71 178
广 东	2 988				29 245	2 265 199	77 456
广 西	4 038				22 618	2 421 944	107 078
海 南	2 496				5 845	405 194	69 323
重 庆							
四 川	1 639	17	28	1 647			
贵 州	1 355	597	810	1 355			
云 南	1 274	62	79	1 274	4 448	448 049	100 730
西 藏							
陕 西	2 926						
甘 肃	3 404	347	506	1 458	13	800	61 538
青 海	1 218	10 955	13 344	1 218			
宁 夏	3 475						
新疆（兵团）	3 399	17 353	55 300	3 187	26 580	2 165 400	81 467
新疆（农业）	2 424	2 932	6 245	2 130	1 203	62 959	52 335
新疆（畜牧）	1 506	7 002	13 022	4 943	2 135	112 571	
热 科 院	3 688				3		
广 州							
南 京							

各地区农垦主要工业产品产量（一）

地　区	发电量（万千瓦时）	原煤（吨）	混配合饲料（吨）	水泥（万吨）	砖（万块）	机制纸及纸板（吨）
全国总计	**4 905 675**	**34 304 075**	**7 753 217**	**3 140**	**1 725 799**	**458 194**
北　京			64 291			
天　津						
河　北	29 616		272 778	39	12 384	28 645
山　西			14 198			
内 蒙 古	8 000	21 008 215	30 195	120	54 130	1 980
辽　宁			147 333	22	24 229	183
吉　林				54	1 210	29 512
黑 龙 江	98 259	560 466	562 482	158	181 842	5 595
上　海			401 088			
江　苏			105 074		25 328	
浙　江	32 144		319 808	101	2 880	
安　徽			23 200	8	8 451	
福　建	11 548	83 500	17 206	38	19 153	3 500
江　西	69 813	592 249	28 192	19	82 146	76 786
山　东			4 009		6 926	
河　南			50 766	9	6 000	
湖　北	14 370		1 400 803	309	321 189	107 314
湖　南	6 731		1 127 616		69 492	39 632
广　东	18 596		3 478	37	43 720	14 730
广　西	23 100		546 371	48	101 671	142 258
海　南	7 039			77	16 367	200
重　庆			422 368			
四　川	2 257					
贵　州	120	32 000	2 410			
云　南	36 120		3 223	16	4 985	
西　藏						
陕　西		617 000	3 043			
甘　肃	18		10 479	239		
青　海					440	
宁　夏		17 404	27 257		30 915	
新疆（兵团）	4 545 744	11 274 888	2 105 952	1 844	675 214	7 859
新疆（农业）	2 200	118 353	15 051		37 127	
新疆（畜牧）			41 318			
热 科 院						
广　州						
南　京			3 228			

各地区农垦主要工业产品产量（二）

地　　区	纱 （万吨）	布 （万米）	成品糖 （吨）	饮料酒 （千升）	乳制品 （吨）	食用植物油 （吨）
全国总计	**67.81**	**62 955**	**2 506 179**	**1 693 274**	**3 485 594**	**3 433 797**
北　　京				27	496 029	
天　　津				21 085	78 296	
河　　北		9 446		5 321	548 341	875
山　　西				166	280	
内 蒙 古				1 555	8 703	88 518
辽　　宁			24 815	340 922	139 183	23 972
吉　　林				61		
黑 龙 江			18 728	105 993	304 941	1 721 200
上　　海			840 102	100 121	992 447	
江　　苏	2.68					
浙　　江		11 346			5 200	
安　　徽	0.60			5 802	31 171	
福　　建		2 150		7 084	1 395	2 150
江　　西	3.06	417		114 416		21 221
山　　东						
河　　南	1.95			3 620	14 191	
湖　　北	29.19	30 557		323 610	206 161	944 568
湖　　南	3.82	3 439	4 436	4 953	5 547	3 991
广　　东			504 538	2 760	109 617	2 550
广　　西			831 600	16 943	3 693	625
海　　南			44 384	115		88
重　　庆					236 121	
四　　川				7 422	680	
贵　　州					46 227	
云　　南			59 139	1 139		
西　　藏						
陕　　西					3 566	
甘　　肃				178 375		577
青　　海						
宁　　夏				190 718	26 277	10
新疆（兵团）	24.24	5 600	178 437	256 835	125 909	612 553
新疆（农业）	2.28			4 232	555	10 899
新疆（畜牧）					65 751	
热 科 院						
广　　州					35 313	
南　　京						

全国农垦畜牧业生产情况

项　目	单　位	2013 年	2012 年	2013 年比 2012 年增减	
				绝对量	%
牲畜饲养					
大牲畜年末总头数	万头	295.57	344.64	-49.07	-14.24
#役畜	万头	13.64	15.78	-2.14	-13.56
占总头数比重	%	4.6	4.6		
牛	万头	265.61	312.92	-47.31	-15.12
#能繁殖母畜	万头	135.60	165.67	-30.07	-18.15
占年末头数比重	%	51.1	53.0		
仔畜	万头	81.50	89.63	-8.13	-9.07
#黄牛	万头	106.94	148.40	-41.46	-27.94
良种及改良奶牛	万头	146.71	151.50	-4.79	-3.16
马	万匹	19.66	21.18	-1.52	-7.18
猪年末头数	万头	1 313.48	1 328.42	-14.94	-1.12
能繁殖母畜	万头	175.70	173.25	2.45	1.41
占年末头数比重	%	13.4	13.0		
羊年末只数	万只	1 302.47	1 320.40	-17.93	-1.36
能繁殖母畜	万只	892.80	877.39	15.41	1.76
占年末只数比重	%	68.5	66.4		
畜产品产量					
肉类总产量	吨	2 863 505	2 965 547	-102 042	-3.44
出栏肉猪	万头	2 109.42	2 205.87	-96.45	-4.37
猪肉产量	吨	1 656 805	1 735 001	-78 196	-4.51
出栏肉牛	万头	178.66	168.37	10.29	6.11
牛肉产量	吨	279 015	267 027	11 988	4.49
出栏肉羊	万只	1 133.46	1 178.43	-44.97	-3.82
羊肉产量	吨	189 675	200 940	-11 265	-5.61
牛奶产量	吨	4 020 673	4 350 359	-329 686	-7.58
羊毛产量	吨	32 377	27 771	4 606	0.40
蜂蜜产量	吨	11 459	10 892	567	5.21
禽蛋产量	吨	477 474	476 520	954	0.20

各地区农垦主要牲畜年末存栏情况

地区	大牲畜（万头）	牛	奶牛	猪（万头）	羊（万头）
全国总计	**295.57**	**265.61**	**146.71**	**1 313.48**	**1 302.47**
北京	5.91	5.91	5.91	6.00	
天津	2.38	2.14	2.14	0.83	
河北	16.14	15.94	14.91	32.17	9.60
山西	1.34	1.32	1.27	0.75	0.99
内蒙古	40.56	36.66	21.77	19.20	274.65
辽宁	10.54	8.15	3.21	107.59	13.00
吉林	4.89	4.33	0.37	22.62	19.22
黑龙江	50.41	50.17	27.09	164.34	69.17
上海	5.90	5.90	5.90	45.13	
江苏	0.43	0.43	0.36	7.55	1.95
浙江	0.12	0.12	0.12	29.60	
安徽	0.75	0.75	0.58	4.40	0.60
福建	1.28	1.28	0.35	50.86	0.93
江西	3.90	3.90	0.45	60.21	1.35
山东	0.74	0.74	0.73	2.23	0.94
河南	1.14	1.14	0.65	34.56	1.51
湖北	4.03	4.03	1.01	136.00	5.60
湖南	5.57	5.57	0.03	126.27	2.97
广东	2.65	2.65	0.90	65.23	0.16
广西	0.71	0.71	0.19	145.70	0.06
海南	5.95	5.95		64.75	10.47
重庆	2.20	2.20	2.20	5.77	
四川	7.32	6.98	0.08	1.42	2.45
贵州	2.77	2.75	2.67	0.50	0.71
云南	0.49	0.47	0.02	6.97	0.43
西藏					
陕西	0.21	0.21	0.11	1.90	3.06
甘肃	1.26	1.14	0.23	21.75	19.26
青海	4.13	4.10	0.52	0.36	29.71
宁夏	4.64	4.64	4.20	3.98	7.30
新疆（兵团）	43.55	39.90	21.40	135.21	450.10
新疆（农业）	6.83	5.07	1.56	5.23	31.60
新疆（畜牧）	56.17	39.70	25.14	3.93	344.59
热科院	0.02	0.02		0.47	0.09
广州	0.64	0.64	0.64		
南京					

各地区农垦渔业生产情况

地　区	水产养殖面积（公顷）	对虾养殖面积	水产品产量（吨）	养殖产量	对虾产量
全国总计	**318 397**	**20 106**	**1 509 641**	**1 281 262**	**52 149**
北　京					
天　津	604		7 609	7 609	
河　北	18 424	9 824	138 419	117 746	26 593
山　西	8		6	6	
内 蒙 古	3 856		6 727	1 546	
辽　宁	73 101	3 838	488 020	337 538	3 387
吉　林	1 154		888	730	
黑 龙 江	24 337		36 633	26 288	
上　海	3 391		38 365	38 365	
江　苏	4 509	503	48 466	46 653	4 559
浙　江	1 047	476	4 516	2 555	987
安　徽	915		4 673	4 025	
福　建	2 100	233	30 176	22 232	743
江　西	19 027		42 223	31 376	
山　东	5 660	3 443	8 154	5 250	1 955
河　南	718		7 860	7 840	
湖　北	47 870		414 460	414 460	
湖　南	50 517		79 615	66 661	
广　东	4 011	1 177	35 262	35 262	11 277
广　西	1 411	272	17 020	17 020	1 792
海　南	4 874	334	40 378	39 207	838
重　庆	2 028		966		
四　川	26		322	322	
贵　州	124		63	63	
云　南	1 409		5 620	5 620	
西　藏					
陕　西	33		42	42	
甘　肃	339		85	85	
青　海					
宁　夏	7 030		11 445	11 445	
新疆（兵团）	36 443	6	39 334	39 334	18
新疆（农业）	3 350		1 856	1 856	
新疆（畜牧）	51		252	127	
热 科 院	22		176		
广　州					
南　京	8		11		

各地区农垦固定资产投资完成情况

单位：万元

地　区	投资总额				新增固定资产
		第一产业	第二产业	第三产业	
全国总计	**39 962 837**	**4 150 149**	**20 262 356**	**15 550 332**	**24 949 521**
北　京	123 881	35 262	33 080	55 539	83 094
天　津	57 484		2 307	55 177	
河　北	3 603 609	417 999	2 375 336	810 274	2 095 691
山　西	32 620	4 648	27 859	113	15 010
内蒙古	582 713	162 348	309 695	110 670	242 461
辽　宁	2 957 251	405 423	1 593 282	958 546	2 556 547
吉　林	20 810	5 644	14 177	989	5 997
黑龙江	3 014 640	843 593	623 720	1 547 327	2 290 394
上　海	212 058	66 655	74 627	70 776	320 850
江　苏	251 362	35 881	62 018	153 463	128 903
浙　江	36 873	1 439	35 225	209	31 707
安　徽	97 370	14 397	14 093	68 879	67 044
福　建	472 720	29 691	427 866	15 163	436 133
江　西	2 012 237	40 302	1 375 301	596 634	1 263 934
山　东	205 629	37 176	25 853	142 600	181 160
河　南	21 780	5 062	9 561	7 157	37 524
湖　北	5 863 076	351 869	4 163 655	1 347 552	3 431 975
湖　南	1 024 275	290 522	618 468	115 285	761 374
广　东	235 487	63 091	49 132	123 264	179 056
广　西	2 707 898	123 763	1 353 708	1 230 427	1 055 596
海　南	689 654	108 723	10 564	570 367	613 680
重　庆	31 901	18 933	8 210	4 758	13 811
四　川	11 697	1 148	10 549		3 224
贵　州	17 462	5 234	12 228		17 462
云　南	91 283	37 034	8 817	45 432	30 998
西　藏					
陕　西	11 779	1 062	1 418	9 299	1 834
甘　肃	133 592	34 374	79 334	19 884	58 309
青　海	1 934	1 934			1 194
宁　夏	163 242	68 762	26 487	67 993	131 277
新疆（兵团）	15 098 995	867 565	6 878 798	7 352 632	8 738 009
新疆（农业）	21 731	15 120	3 314	3 297	14 496
新疆（畜牧）	123 629	47 379	31 733	44 517	126 441
热科院	22 698	920		21 778	10 679
广　州	9 392	7 195	1 941	256	3 582
南　京	75			75	75

八、农　　机

全国主要农业机械情况（一）

项　目	单　位	2013 年	2012 年	2013 年比 2012 年增减	
				增减量	%
农业机械总动力	**万千瓦**	**103 906.75**	**102 558.96**	**1 347.79**	**1.31**
柴油发动机动力	万千瓦	83 428.78	82 365.04	1 063.74	1.29
汽油发动机动力	万千瓦	3 243.88	3 124.10	119.78	3.83
电动机动力	万千瓦	17 151.86	16 985.29	166.57	0.98
其他机械动力	万千瓦	82.24	84.54	-2.30	-2.72
拖拉机及配套机械					
拖拉机数量	万台	2 279.28	2 282.47	-3.19	-0.14
大中型拖拉机数量	万台	527.02	485.24	41.78	8.61
小型拖拉机数量	万台	1 752.28	1 797.23	-44.95	-2.50
拖拉机动力	万千瓦	33 023.23	31 903.75	1 119.48	3.51
大中型拖拉机动力	万千瓦	15 957.58	14 436.39	1 521.19	10.54
小型拖拉机动力	万千瓦	17 065.67	17 467.36	-401.69	-2.30
拖拉机配套农具	万部	3 875.82	3 845.09	30.73	0.80
大中拖配套农具	万部	826.62	763.52	63.10	8.26
小拖配套农具	万部	3 049.21	3 080.62	-31.41	-1.02
种植业机械					
耕整地机械					
耕整机	万台（套）	765.41	667.60	97.81	14.65
机耕船	万艘	17.52	16.93	0.59	3.51
机引犁	万台	1 312.49	1 315.83	-3.34	-0.25
旋耕机	万台	532.45	530.72	1.73	0.33
深松机	万台	23.36	20.49	2.87	14.01
机引耙	万台	728.56	745.13	-16.57	-2.22
种植施肥机械					
播种机	万台	600.50	580.20	20.30	3.50
免耕播种机	万台	82.47	77.57	4.90	6.32
精少量播种机	万台	366.82	353.98	12.84	3.63
水稻种植机械					
水稻直播机	万台	2.96	2.86	0.10	3.50
水稻插秧机	万台	60.45	51.30	9.15	17.84
水稻浅栽机	万台	0.77	0.90	-0.13	-14.62
化肥深施机	万台	78.52	77.64	0.88	1.13
地膜覆盖机	万台	51.94	50.49	1.45	2.87

全国主要农业机械情况（二）

项　目	单　位	2013 年	2012 年	2013 年比 2012 年增减	
				增减量	%
农用排灌机械					
农用排灌动力机械数量	万台	2 258.01	2 280.56	-22.55	-0.99
农用排灌动力机械动力	万千瓦	14 330.60	14 724.03	-393.42	-2.67
农用水泵	万台	2 206.80	2 211.54	-4.74	-0.21
节水灌溉类机械	万套	199.78	182.56	17.22	9.43
田间管理机械					
机动喷雾（粉）机	万台	559.19	544.31	14.89	2.74
茶叶修剪机	万台	30.86	25.34	5.52	21.78
收获机械					
联合收获机	万台	142.10	127.88	14.22	11.12
割晒机	万台	49.60	48.23	1.37	2.84
其他收获机械	万台	141.91	131.02	10.89	8.31
收获后处理机械					
机动脱粒机	万台	1 007.58	1 042.32	-34.74	-3.33
谷物烘干机	万台	4.28	3.60	0.68	18.84
种子加工机械	万台	3.22	3.34	-0.12	-3.51
保鲜储藏设备	万台（套）	8.13	6.86	1.27	18.47
设施农业设备					
水稻工厂化育秧设备	万套	1.28	0.96	0.32	33.28
温室	万平方米	1 994 994.31	1 450 259.43	544 734.88	37.56
农产品初加工机械					
农产品初加工动力机械	万台	1 467.54	1 461.71	5.83	0.40
	万千瓦	8 733.69	8 920.87	-187.18	-2.10
农产品初加工作业机械	万台	1 345.81	1 316.74	29.07	2.21
畜牧养殖机械	**万台（套）**	**686.47**	**661.70**	**24.77**	**3.74**
渔业机械	**万台**	**375.39**	**348.78**	**26.61**	**7.63**
林果业机械	**万台**	**33.60**	**27.62**	**5.98**	**21.65**
运输机械					
农用运输车	万台	1 385.55	1 396.23	-10.68	-0.76
三轮汽车	万台	1 099.76	1 111.19	-11.43	-1.03
手扶变型运输机	万台	82.25	88.09	-5.84	-6.63
农用挂车	万台	778.70	812.20	-33.50	-4.12

全国主要农业机械情况（三）

项　　目	单　位	2013 年	2012 年	2013 年比 2012 年增减	
				增减量	%
农田基本建设机械	**万台**	**44.74**	**44.95**	**-0.21**	**-0.47**
其他机械					
农用飞机	架	176	124	52	41.94
农业机械原值和净值					
农业机械原值	亿元	8 222.61	7 805.61	417.00	5.34
农业机械净值	亿元	5 993.12	5 683.14	309.98	5.45

全国主要农田机械化作业情况

项　　目	单　位	2013 年	2012 年	2013 年比 2012 年增减	
				增减量	%
农机化作业总体情况					
耕种收综合机械化水平	%	59.48	57.17	2.31	
机耕面积	千公顷	113 757.83	110 284.83	3 473.01	3.15
机耕水平	%	76.00	74.11	1.89	
机播面积	千公顷	80 309.56	76 794.16	3 515.40	4.58
机播水平	%	48.78	47.37	1.42	
机收面积	千公顷	77 416.01	71 168.88	6 247.13	8.78
机收水平	%	48.15	44.40	3.75	
机械植保面积	千公顷	64 098.85	62 637.16	1 461.69	2.33
主要农作物农机化作业面积					
小麦机耕	千公顷	21 393.18	21 969.31	-576.13	-2.62
小麦机播	千公顷	20 906.96	20 885.88	21.07	0.10
小麦机收	千公顷	22 099.29	22 034.25	65.04	0.30
水稻机耕	千公顷	29 127.42	28 262.99	864.43	3.06
水稻机种	千公顷	10 943.50	9 594.55	1 348.95	14.06
水稻机收	千公顷	23 952.21	22 222.82	1 729.39	7.78
玉米机耕	千公顷	25 035.68	24 005.05	1 030.63	4.29
玉米机播	千公顷	30 535.08	28 762.02	1 773.06	6.16
玉米机收	千公顷	18 293.32	14 844.23	3 449.09	23.24

各地区农业机械总动力

单位：万千瓦

地区	农业机械总动力	柴油发动机动力	汽油发动机动力	电动机动力	其他机械动力
全国总计	**103 906.75**	**83 428.78**	**3 243.88**	**17 151.86**	**82.24**
北京	207.72	115.03	20.54	72.15	
天津	554.18	367.20	46.69	140.29	
河北	10 762.72	8 475.34	139.93	2 147.29	0.16
山西	3 183.30	2 718.72	67.36	397.21	
内蒙古	3 430.57	3 068.13	16.28	342.05	4.11
辽宁	2 631.98	2 090.57	81.01	457.37	3.03
吉林	2 730.04	2 488.74	19.78	221.52	
黑龙江	4 849.28	4 554.17	100.31	194.78	0.02
上海	113.17	61.79	9.86	41.52	
江苏	4 405.62	3 229.09	192.06	984.47	
浙江	2 462.20	1 661.62	137.47	659.68	3.43
安徽	6 140.28	5 286.97	143.87	709.44	
福建	1 336.76	955.64	104.28	276.80	0.04
江西	2 014.13	1 571.83	80.87	360.44	0.99
山东	12 739.83	10 853.46	214.86	1 671.50	0.01
河南	11 149.96	9 887.13	66.77	1 196.02	0.04
湖北	4 081.05	2 913.12	135.22	1 024.20	8.51
湖南	5 433.99	4 114.62	332.80	959.36	27.21
广东	2 564.89	1 775.48	192.99	590.95	5.47
广西	3 382.98	2 714.60	123.71	542.00	2.67
海南	502.10	416.78	29.32	49.76	6.24
重庆	1 198.88	588.81	214.98	394.65	0.45
四川	3 953.09	2 618.16	275.76	1 057.03	2.13
贵州	2 240.80	1 601.13	77.45	555.60	6.63
云南	3 070.33	2 229.40	131.47	709.16	0.31
西藏	517.30	343.72	137.50	32.00	4.07
陕西	2 452.72	1 856.71	71.25	524.33	0.43
甘肃	2 418.46	1 979.12	30.62	408.56	0.16
青海	410.58	355.68	18.19	33.88	2.82
宁夏	801.98	675.23	6.91	119.69	0.15
新疆	2 165.86	1 860.79	23.77	278.16	3.16

各地区农业机械年末拥有量（一）

地　区	农业机械总动力（万千瓦）	拖拉机及配套机械					
		大中型拖拉机		小型拖拉机		大中型拖拉机配套农具	小型拖拉机配套农具
		（万台）	（万千瓦）	（万台）	（万千瓦）	（万部）	（万部）
全国总计	**103 906.75**	**527.02**	**15 957.58**	**1 752.28**	**17 065.67**	**826.62**	**3 049.21**
北　京	207.72	0.65	26.38	0.24	2.91	1.16	0.28
天　津	554.18	1.56	66.20	0.92	11.36	2.42	2.66
河　北	10 762.72	23.43	991.83	142.42	1 546.14	43.53	191.05
山　西	3 183.30	10.72	386.09	34.74	324.68	22.10	48.31
内蒙古	3 430.57	62.34	1 406.46	42.82	489.44	99.53	88.56
辽　宁	2 631.98	20.80	564.21	32.25	314.18	27.40	49.17
吉　林	2 730.04	44.04	1 065.49	67.08	643.98	77.86	188.19
黑龙江	4 849.28	87.33	2 345.24	64.53	702.09	117.95	118.51
上　海	113.17	0.67	28.61	0.36	3.27	1.80	0.35
江　苏	4 405.62	13.13	602.21	92.54	895.97	22.28	149.98
浙　江	2 462.20	1.17	48.15	13.93	125.93	1.74	15.18
安　徽	6 140.28	17.99	756.33	224.97	1 823.43	37.75	524.62
福　建	1 336.76	0.31	13.05	10.45	109.13	0.33	12.99
江　西	2 014.13	1.02	42.27	28.98	329.81	1.74	31.28
山　东	12 739.83	50.07	1 802.24	199.70	1 673.08	101.94	324.81
河　南	11 149.96	35.78	1 387.54	351.32	3 801.52	84.99	675.21
湖　北	4 081.05	14.94	536.87	114.12	829.73	28.00	215.42
湖　南	5 433.99	10.66	326.86	22.75	243.04	4.16	10.80
广　东	2 564.89	2.39	95.51	32.92	286.04	3.48	35.79
广　西	3 382.98	3.42	148.72	45.68	423.44	5.06	53.89
海　南	502.10	4.45	103.07	5.27	49.66	1.58	4.98
重　庆	1 198.88	0.38	11.98	0.78	9.36	0.30	0.32
四　川	3 953.09	12.18	291.65	11.91	134.40	5.04	11.33
贵　州	2 240.80	4.19	102.88	8.58	105.31	1.45	2.89
云　南	3 070.33	28.70	670.33	37.70	391.14	4.86	33.96
西　藏	517.30	6.64	141.91	13.83	165.94	5.03	9.10
陕　西	2 452.72	9.93	335.65	19.87	212.18	17.61	29.62
甘　肃	2 418.46	13.04	320.90	57.56	593.67	28.17	111.65
青　海	410.58	1.11	27.40	24.39	233.37	0.78	20.84
宁　夏	801.98	4.26	116.18	17.98	194.86	7.71	24.44
新　疆	2 165.86	39.72	1 195.37	31.69	396.61	68.87	63.03

各地区农业机械年末拥有量（二）

地 区	种植业机械						
	耕整机（万台/套）	机耕船（万艘）	机引犁（万台）	旋耕机（万台）	深松机（万台）	机引耙（万台）	播种机（万台）
全国总计	**765.41**	**17.52**	**1 312.49**	**532.45**	**23.36**	**728.56**	**600.50**
北 京	1.80		0.19	0.38	0.03	0.10	0.52
天 津	1.90		0.59	2.28	0.09	0.08	1.87
河 北	2.88		56.75	26.62	2.41	7.19	51.94
山 西	5.08		22.27	14.14	0.86	4.88	13.37
内 蒙 古	1.86		59.02	6.95	1.51	16.30	58.61
辽 宁	7.70	0.01	11.30	9.20	0.54	2.97	20.53
吉 林	0.52		62.87	25.34	3.72	24.36	50.69
黑 龙 江	3.78		46.15	19.85	3.24	12.03	61.59
上 海			0.57	0.75		0.31	0.06
江 苏	2.02		21.62	89.40	0.32	2.92	29.53
浙 江	5.31	0.41	2.45	11.37	0.62	1.70	0.04
安 徽	11.91		207.34	46.41	1.09	156.13	44.12
福 建	15.24	0.02	1.23	10.61		0.48	0.01
江 西	24.30	0.39	4.19	26.34	0.22	4.39	0.07
山 东	18.08		143.96	32.31	2.49	73.15	69.84
河 南	1.51		323.46	23.41	1.05	215.62	132.18
湖 北	39.48	3.91	83.83	59.45	0.12	55.27	4.55
湖 南	166.59	12.38	92.03	13.43	0.16	75.36	0.12
广 东	28.40	0.26	7.77	18.60	0.10	6.29	
广 西	95.07	0.03	16.92	16.63	0.33	15.73	
海 南	9.21	0.08	2.42	1.65	0.08	1.72	
重 庆	58.13		0.04	0.48		0.03	0.05
四 川	110.26	0.03	7.67	14.58	0.03	2.68	1.93
贵 州	55.40		2.44	3.68	0.01	1.91	0.03
云 南	60.54		14.21	20.40	0.72	7.91	0.15
西 藏	0.65		5.13	0.24		1.37	2.28
陕 西	12.65		14.93	14.77	0.17	0.37	12.48
甘 肃	20.30		46.14	10.50	3.00	23.82	14.00
青 海	1.33		12.47	6.13	0.06	1.09	5.62
宁 夏	1.77		16.60	2.05	0.07	3.89	8.77
新 疆	1.74		25.93	4.50	0.32	8.51	15.55

各地区农业机械年末拥有量（三）

地　区	种植业机械						
	水稻直播机（万台）	水稻插秧机（万台）	水稻浅栽机（万台）	化肥深施机（万台）	地膜覆盖机（万台）	农用排灌动力机械（万台）	农用水泵（万台）
全国总计	**2.96**	**60.45**	**0.77**	**78.52**	**51.94**	**2 258.01**	**2 206.80**
北　京				0.27	0.01	3.97	3.40
天　津		0.07		0.01	0.37	10.13	8.77
河　北		0.13		6.11	4.57	255.02	172.02
山　西				2.38	2.86	17.23	15.28
内蒙古		0.51		3.14	4.71	39.13	38.70
辽　宁	0.01	3.28	0.06	1.10	0.70	105.47	125.30
吉　林		3.81		23.76	0.91	46.29	47.13
黑龙江		23.15		1.62	1.23	38.21	47.95
上　海	0.09	0.16				1.36	1.36
江　苏	0.55	12.15		0.44	0.06	62.01	66.53
浙　江	0.02	0.96	0.01	0.36		99.38	90.17
安　徽	0.24	2.10		9.28	0.80	161.00	179.72
福　建		0.66			0.01	19.03	19.12
江　西	0.02	1.33	0.06	0.36		61.42	44.83
山　东		0.13		2.99	13.00	308.94	297.27
河　南		0.26		11.18	1.62	165.58	223.63
湖　北	1.35	4.51		2.39	0.41	98.09	105.63
湖　南	0.06	2.18		1.95	0.21	241.48	228.97
广　东		0.94		0.26		83.77	77.41
广　西		1.45	0.02	0.12	0.11	80.67	87.36
海　南		0.10				22.40	18.58
重　庆		1.16	0.01		0.01	96.21	98.88
四　川	0.01	0.68	0.60	0.60	0.18	89.55	78.04
贵　州		0.19		0.01	0.05	46.32	44.75
云　南		0.14		0.02	0.04	37.43	29.35
西　藏					0.02	0.75	0.50
陕　西	0.01	0.01	0.01	0.88	1.44	39.08	32.90
甘　肃				3.20	7.78	16.28	11.67
青　海				1.14	0.03	0.40	0.18
宁　夏	0.59	0.18		0.60	0.84	3.18	4.12
新　疆	0.01	0.21		4.35	9.97	8.23	7.28

各地区农业机械年末拥有量（四）

地 区	种植业机械						
	节水灌溉类机械（万套）	机动喷雾（粉）机（万台）	茶叶修剪机（万台）	联合收获机（万台）	割晒机（万台）	其他收获机械（万台）	机动脱粒机（万台）
全国总计	**199.78**	**559.19**	**30.86**	**142.10**	**113.43**	**141.91**	**1 007.58**
北 京	0.99	2.22		0.19	0.09	0.17	0.41
天 津	0.27	0.97		0.59	0.35	0.43	2.16
河 北	5.26	51.05		11.52	7.88	13.20	20.71
山 西	1.38	4.12		2.70	1.26	3.75	8.52
内 蒙 古	6.65	7.65		1.93	0.62	13.71	10.77
辽 宁	12.52	9.67		1.45	0.58	3.39	14.72
吉 林	3.85	1.22	0.11	3.55	1.61	1.34	16.83
黑 龙 江	3.69	10.64		9.17	6.82	9.14	16.87
上 海	0.75	2.23		0.28	0.28	0.05	0.08
江 苏	5.94	68.60	0.90	13.66	12.69	14.81	16.44
浙 江	2.91	21.30	4.60	1.84	1.84	1.21	77.10
安 徽	20.28	44.90	6.15	14.50	13.30	3.15	35.68
福 建	1.31	11.45	6.66	0.72	0.72	3.26	10.83
江 西	12.42	13.69	0.31	4.83	4.83	0.83	30.28
山 东	50.50	50.09	0.33	23.40	15.14	19.21	40.53
河 南	20.81	28.58	1.20	20.02	15.49	23.66	54.61
湖 北	10.73	60.41	5.16	7.38	7.23	5.14	26.43
湖 南	1.50	37.61	0.39	9.31	9.31	1.39	128.17
广 东	13.66	23.91	0.33	2.28	2.28	1.28	53.27
广 西	7.87	12.06	0.28	2.42	2.42	2.25	91.27
海 南	0.87	9.26	0.08	0.45	0.45	0.16	4.49
重 庆	0.15	6.97	0.19	0.58	0.58	0.52	63.11
四 川	2.20	30.80	2.33	2.25	2.25	1.63	135.25
贵 州	1.11	3.91	0.37	0.16	0.16	1.35	35.98
云 南	1.17	12.19	1.00	0.58	0.57	0.10	35.30
西 藏		0.61		0.54	0.51	0.63	5.19
陕 西	2.31	18.84	0.38	3.52	2.48	3.33	36.02
甘 肃	1.30	3.77	0.09	0.58	0.43	4.66	25.58
青 海	0.12	0.53		0.14	0.13	0.31	3.28
宁 夏	0.75	0.43		0.78	0.58	1.16	2.12
新 疆	6.51	9.51		0.78	0.55	6.69	5.58

各地区农业机械年末拥有量（五）

地　区	种植业机械				四、农产品初加工机械		
	谷物烘干机	种子加工机械	保鲜储藏设备	温　室	初加工动力机械		初加工作业机械
	（万台）	（万台）	（万台/套）	（万平方米）	（万台）	（万千瓦）	（万台）
全国总计	**4.28**	**3.22**	**8.13**	**1 994 994.31**	**1 467.54**	**8 733.69**	**1 345.81**
北　京			0.18	24 309.04	0.54	5.27	0.55
天　津			0.01	34 499.22	2.37	8.74	0.70
河　北	0.03	0.11	0.09	207 833.95	98.22	905.01	48.40
山　西	0.04	0.04	0.11	56 844.68	23.51	197.35	18.16
内蒙古	0.04	0.61	0.01	72 070.62	10.63	93.56	6.87
辽　宁	0.07	0.01	0.60	451 105.31	21.89	136.75	15.74
吉　林	0.11	0.19		22 987.36	15.63	147.59	13.12
黑龙江	0.15	0.58	0.01	23 465.33	12.91	141.43	5.98
上　海	0.05	0.01	0.23	5 767.90	0.34	3.10	0.34
江　苏	0.56	0.07	1.07	216 656.87	25.93	263.90	23.23
浙　江	0.41	0.01	0.53	43 667.16	19.92	135.18	52.54
安　徽	0.44	0.04	0.31	18 547.00	51.37	349.74	53.55
福　建	0.05	0.02	1.14	6 483.30	68.33	214.18	69.84
江　西	0.05	0.03	0.05	3 212.37	32.06	306.63	27.33
山　东	0.07	0.18	0.60	284 180.50	101.02	913.42	50.26
河　南	0.09	0.12	0.41	72 731.78	83.19	598.77	55.72
湖　北	0.14	0.06	0.33	68 510.51	94.70	470.82	94.08
湖　南	0.20	0.01	0.03	6 673.75	138.40	725.68	133.42
广　东	0.13		0.56	11 681.09	29.10	239.14	24.14
广　西	0.09		0.14	327.94	87.95	465.74	96.33
海　南		0.21	0.23	2 181.98	2.52	27.90	2.35
重　庆	0.27	0.05	0.20	41 123.40	95.78	328.28	108.74
四　川	0.04	0.01	0.08	89 164.33	152.29	628.66	179.91
贵　州	0.44		0.02	424.03	131.87	542.31	134.63
云　南	0.17	0.02	0.16	24 593.20	84.78	448.42	82.42
西　藏		0.02		938.47	1.37	5.61	1.38
陕　西	0.19	0.03	0.47	63 167.42	39.33	198.80	24.97
甘　肃	0.11	0.62	0.27	48 273.80	33.00	137.05	14.59
青　海		0.02		8 900.00	1.21	9.24	1.46
宁　夏	0.11	0.02	0.01	43 908.86	2.42	25.43	2.06
新　疆	0.23	0.13	0.28	40 763.14	4.96	59.99	3.00

各地区农业机械年末拥有量（六）

地区	畜牧养殖机械		渔业机械		林果业机械	
	（万台/套）	（万千瓦）	（万台）	（万千瓦）	（万台）	（万千瓦）
全国总计	**686.47**	**2 163.52**	**375.39**	**1 746.61**	**33.60**	**125.63**
北　京	1.70	10.47	1.29	3.86	0.45	1.51
天　津	0.72	5.83	6.39	13.88	0.02	0.69
河　北	14.01	87.06	5.86	59.89	0.35	3.62
山　西	8.79	41.49	0.24	0.75	0.56	3.46
内蒙古	24.43	130.95	0.19	0.82	0.23	1.56
辽　宁	20.37	80.73	7.70	20.04	0.65	4.02
吉　林	15.99	90.24	0.69	2.16	0.07	1.12
黑龙江	12.65	30.45	0.34	1.30	0.15	2.01
上　海	0.19	2.05	2.75	25.30	0.09	0.16
江　苏	14.21	92.41	85.90	176.76	1.65	5.66
浙　江	5.45	26.42	24.86	449.67	3.09	7.41
安　徽	7.60	46.38	7.88	25.78	2.88	7.38
福　建	5.61	33.14	19.05	229.90	3.14	10.89
江　西	4.56	36.23	5.33	19.99	0.83	8.29
山　东	22.12	127.18	13.31	232.44	1.18	7.26
河　南	22.98	82.56	4.00	16.98	0.31	2.92
湖　北	41.58	89.69	38.89	68.43	5.30	14.59
湖　南	26.08	101.63	13.96	37.81	0.97	7.92
广　东	13.40	78.64	95.24	272.73	1.66	11.41
广　西	35.89	73.34	7.51	11.65	0.68	1.56
海　南	0.90	7.43	7.39	20.53	0.07	2.09
重　庆	60.28	73.14	6.16	12.49	0.69	1.99
四　川	61.27	136.45	15.60	26.78	0.53	2.18
贵　州	37.99	114.30	0.16	0.93	0.45	3.92
云　南	137.08	205.56	1.91	8.16	0.34	1.35
西　藏	1.38	2.66				
陕　西	33.88	124.67	1.32	3.38	1.96	6.05
甘　肃	29.09	139.29	0.10	0.80	0.01	0.02
青　海	1.51	12.00		0.05		
宁　夏	15.48	61.57	0.66	1.26	2.22	3.09
新　疆	9.28	19.56	0.71	2.09	3.07	1.50

各地区农业机械年末拥有量（七）

地区	运输机械			农田基本建设机械	其他机械	农业机械原值和净值	
	农用运输车	手扶变型运输机	农用挂车		农用飞机	原值	净值
	（万台）	（万台）	（万台）	（万台）	（架）	（亿元）	（亿元）
全国总计	**1 385.55**	**88.09**	**778.70**	**44.74**	**176**	**8 222.61**	**5 993.12**
北京	3.72	0.07	0.52	0.08		23.52	15.18
天津	12.28		0.20	0.35	3	35.33	26.08
河北	277.56	0.13	81.17	3.53	2	599.45	417.88
山西	98.61		7.01	2.02		236.17	173.21
内蒙古	40.39		54.44	0.81	1	364.51	266.65
辽宁	49.79	0.57	21.03	1.39	11	235.19	178.44
吉林	15.62	0.31	34.24	0.29		273.92	204.34
黑龙江	15.83	0.01	37.52	0.41	52	647.69	510.86
上海			0.03				
江苏	22.85	5.70	12.12	8.24	6	453.21	326.64
浙江	9.25	4.97	0.41	2.69	1	263.64	172.56
安徽	67.49	16.82	100.76	1.51		533.88	363.25
福建	4.03	8.49	2.15	1.01	16	125.68	84.02
江西	10.19	12.59	0.43	1.60		177.30	125.33
山东	284.62	0.97	122.09	4.32	16	796.65	607.97
河南	218.71	0.12	116.05	1.88		781.79	582.28
湖北	23.85	0.40	71.85	2.69	10	353.69	251.51
湖南	22.44	4.07	1.07	1.83	20	316.60	233.96
广东	12.15	2.42	12.02	1.81	3	195.43	127.47
广西	4.99	20.86	0.86	1.12		263.84	184.83
海南	2.73	0.10	0.58	0.13		51.75	38.04
重庆	4.34	3.09	0.04	0.44		98.90	81.25
四川	12.77	3.65	6.58	1.31		289.37	201.97
贵州	15.62	1.62	3.82	0.82		116.01	82.50
云南	10.52	0.30	3.63	0.61		197.95	147.87
西藏	3.08	0.20	11.80	0.01		50.04	30.02
陕西	53.22	0.01	3.95	1.42		200.66	146.43
甘肃	64.21	0.62	11.00	0.45		176.30	122.57
青海	2.71		13.20	0.08		30.75	22.14
宁夏	16.91		8.12	0.41		75.68	51.57
新疆	5.07		40.01	1.48	33	257.71	216.30

九、农村能源

各地区农村能源管理推广机构情况

地 区	机构（个）	省级	地、县级	乡级	人员（人）	省级	地、县级	乡级	#大专及以上人员
全国总计	**13 036**	**41**	**3 018**	**9 977**	**40 064**	**561**	**17 987**	**21 516**	**26 904**
北 京	44	2	15	27	192	10	141	41	153
天 津	8	1	7		52	4	48		39
河 北	440	2	184	254	1 386	24	847	515	943
山 西	448	1	122	325	1 296	31	707	558	1 005
内 蒙 古	415	1	96	318	2 178	43	984	1 151	1 174
辽 宁	830	1	90	739	1 567	19	357	1 191	918
吉 林	67	2	65		565	8	552	5	407
黑 龙 江	496	2	251	243	1 205	34	606	565	916
上 海	1	1			5	5			5
江 苏	127	1	93	33	768	8	495	265	561
浙 江	110	1	82	27	442	23	346	73	370
安 徽	238	2	120	116	713	30	507	176	546
福 建	319	1	65	253	659	15	300	344	494
江 西	1 107	1	111	995	1 752	13	486	1 253	933
山 东	796	1	161	634	2 471	7	762	1 702	1 722
河 南	903	1	164	738	3 426	34	1 392	2 000	2 081
湖 北	451	1	108	342	1 962	25	886	1 051	1 181
湖 南	181	2	140	39	1 050	13	998	39	806
广 东	525	1	93	431	1 403	15	467	921	984
广 西	784	1	122	661	2 092	21	789	1 282	1 265
海 南	89	1	21	67	480	12	171	297	262
重 庆	407	1	35	371	973	6	251	716	637
四 川	1 068	1	191	876	2 772	32	1 098	1 642	1 909
贵 州	1 011	2	99	910	2 487	15	545	1 927	2 040
云 南	979	2	157	820	2 831	16	913	1 902	1 655
西 藏	193	1	72	120	314	6	153	155	157
陕 西	380	1	114	265	2 096	18	1 346	732	1 290
甘 肃	362	1	99	262	1 738	25	1 160	553	1 429
青 海	24	1	23		192	7	175	10	162
宁 夏	49	1	25	23	304	25	177	102	273
新 疆	184	3	93	88	693	17	328	348	587

各地区农村能源经费投入情况（一）

单位：万元

地　　区	政府合计		中央投入	省级投入		地级投入	
	拨　款	贷　款		拨　款	贷　款	拨　款	贷　款
全国总计	**560 205**	**2 848**	**322 102**	**148 478**		**32 347**	**18**
北　　京	19 772		400	13 496			
天　　津	1 093		1 093				
河　　北	19 217		16 627	1 300		482	
山　　西	8 242		5 373	2 058		426	
内 蒙 古	10 051		8 334	1 206		357	
辽　　宁	11 475		5 688	1 910		3 409	
吉　　林	6 212		4 220	1 992			
黑 龙 江	9 053		6 198				
上　　海	7 117			5 257		1 860	
江　　苏	38 931		5 291	30 045		1 259	
浙　　江	18 995		3 265	1 641		2 276	
安　　徽	17 125	278	11 865	2 885		498	18
福　　建	6 355		4 967	1 018		347	
江　　西	15 527		10 794	4 120		151	
山　　东	34 894		10 047	11 304		7 645	
河　　南	24 801		20 416	1 000		1 193	
湖　　北	43 571		25 118	16 000		865	
湖　　南	31 021		20 068	1 780		1 378	
广　　东	4 463		1 705	689		344	
广　　西	22 176		11 310	10 089		385	
海　　南	7 410		5 537	1 311		258	
重　　庆	19 056	40	17 379	144			
四　　川	44 462	284	29 913	7 150		3 983	
贵　　州	28 648		19 098	7 682		1 289	
云　　南	37 894	2 246	15 546	17 597		2 139	
西　　藏	5 445		4 125	1 320			
陕　　西	21 435		17 041	2 432		969	
甘　　肃	11 112		9 442	900		452	
青　　海	5 354		5 354				
宁　　夏	19 212		17 842	1 239		121	
新　　疆	10 087		8 048	914		261	

各地区农村能源经费投入情况（二）

单位：万元

地区	县级投入		乡级投入		用户自筹		其他投入
	拨款	贷款	拨款	贷款	资金	投劳折资	
全国总计	**53 290**	**2 546**	**3 988**		**576 814**	**76 536**	**3 548**
北京	5 876				878		
天津					540		
河北	748		60		47 121	1 027	
山西	256		129		2 130	16	
内蒙古	101		53		14 312	1 749	
辽宁	462		6		7 437	647	
吉林						3 657	
黑龙江	2 855				13 538	1 310	
上海					2 584		
江苏	1 978		358		28 928	196	
浙江	9 502		2 311		25 731	615	
安徽	1 874	260	3		15 398	2 716	60
福建	23				8 123	200	
江西	425		37		20 140	4 936	3 384
山东	5 696		202		61 817	2 243	30
河南	1 886		306		35 827	5 612	
湖北	1 589				47 681	6 048	
湖南	7 393		402		51 594	14 980	
广东	1 705		20		1 461		
广西	339		53		15 129	1 320	
海南	304				5 003		
重庆	1 513	40	21		20 884	4 526	
四川	3 413		3		73 054	4 035	
贵州	575		5		9 618	8 233	26
云南	2 591	2 246	21		29 694	6 274	10
西藏					904		
陕西	994				16 688	2 399	38
甘肃	318				9 795	261	
青海					48		
宁夏	9				5 587	1 083	
新疆	864				5 171	2 454	

各地区户用沼气池情况

地　　区	年初数（万户）	本年新增（户）	本年报废（户）	年末累计（万户）	本年利用（万户）	年总产气量（万立方米）	年户均产气量（立方米）
全国总计	**4 083.0**	**1 092 490**	**418 904**	**4 150.4**	**3 653.8**	**1 367 400**	**374**
北　　京	0.8			0.8	0.2	44	260
天　　津	4.7	1 780	498	4.9	4.7	1 489	317
河　　北	291.5	32 883	217 909	273.0	236.6	82 110	347
山　　西	70.8		1 174	70.7	52.1	16 821	323
内 蒙 古	49.1	18 834		51.0	39.3	10 387	264
辽　　宁	60.0	22 353	3 728	61.9	48.9	13 645	279
吉　　林	15.4	13 900		16.8	13.4	3 805	283
黑 龙 江	29.9	4 030		30.3	21.1	5 139	244
上　　海							
江　　苏	71.1	15 784	14 526	71.2	64.2	19 364	301
浙　　江	15.0	3 137		15.3	13.9	6 480	467
安　　徽	83.0	32 149		86.2	70.9	24 825	350
福　　建	47.3	13 807		48.7	46.0	20 700	450
江　　西	171.0	59 239		176.9	144.6	56 863	393
山　　东	241.4	62 636		247.6	208.4	75 704	363
河　　南	369.0	71 427		376.2	342.4	109 640	320
湖　　北	300.9	70 392	77 481	300.2	270.4	98 486	364
湖　　南	234.1	69 430	23 263	238.8	213.3	91 291	428
广　　东	44.0	10 586		45.1	45.0	19 717	438
广　　西	375.4	70 056		382.4	369.6	156 041	422
海　　南	32.5	8 550		33.4	33.4	24 034	720
重　　庆	153.0	52 780	25 328	155.8	131.5	41 586	316
四　　川	568.8	200 498		588.8	576.0	203 604	353
贵　　州	195.7	43 332	32 374	196.8	149.1	64 095	430
云　　南	293.4	100 389		303.4	280.8	130 517	465
西　　藏	20.5	14 502		21.9	14.2	5 455	385
陕　　西	129.6	57 257		135.3	90.1	29 209	324
甘　　肃	116.9	30 000		119.9	112.2	38 883	346
青　　海	16.3	4 163		16.8	9.3	3 019	325
宁　　夏	24.7	1 111	15 378	23.3	9.5	2 905	307
新　　疆	57.2	7 485	7 245	57.2	42.6	11 541	580

各地区沼气工程情况（一）

地区	合计（处）				处理工业废弃物工程			
	年初数	本年新增	本年报废	年末累计	年初数（处）	年末累计		
						数量（处）	总池容（万立方米）	年产气量（万立方米）
全国总计	**91 952**	**9 741**	**1 736**	**99 957**	**338**	**332**	**67.27**	**26 583.32**
北京	147	20	10	157				
天津	615	24	243	396	1	1	1.50	1 095.00
河北	2 819	146	14	2 951	9	9	3.07	671.14
山西	352	40	7	385				
内蒙古	328	71	10	389				
辽宁	1 123	69	73	1 119		1	0.10	40.00
吉林	59			59				
黑龙江	1 155	119	13	1 261				
上海	76	14		90				
江苏	3 614	550	10	4 154	97	97	2.74	594.05
浙江	17 409	696	1 004	17 101				
安徽	1 739	184	10	1 913	12	9	0.98	106.17
福建	4 995	145	7	5 133				
江西	5 745	640	7	6 378	13	13	0.28	29.42
山东	4 873	1 205	44	6 034	54	51	11.75	4 215.83
河南	5 299	203	21	5 481	24	23	35.50	16 563.75
湖北	3 225	1 164	1	4 388	5	5	1.47	508.04
湖南	16 981	2 217	68	19 130	3	3	0.05	3.60
广东	5 552	99	3	5 648				
广西	2 792	94	93	2 793	14	10	0.21	3.74
海南	1 440	118		1 558	16	16	1.43	423.89
重庆	2 168	135	17	2 286				
四川	4 953	913	62	5 804	68	68	5.78	2 034.62
贵州	1 435	250	5	1 680				
云南	160	71		231	14	14	0.94	44.82
西藏	10	1		11				
陕西	2 072	437	9	2 500	4	8	0.89	46.17
甘肃	197	3	5	195	1	1	0.40	164.80
青海	150	21		171				
宁夏	93	17		110	3	3	0.19	38.27
新疆	376	75		451				

注：年末累计减年初数减本年新增为本年报废处。

各地区沼气工程情况（二）

地　　区	处理农业废弃物工程							
	年初数（处）	年末累计			大型沼气工程			
		数量（处）	总池容（万立方米）	年产气量（万立方米）	年初数（处）	年末累计		
						数量（处）	总池容（万立方米）	年产气量（万立方米）
全国总计	**91 614**	**99 625**	**1 506**	**183 669.31**	**5 246**	**5 814**	**518**	**96 270.67**
北　　京	147	157	10	2 479.85	51	51	5	1 291.34
天　　津	614	395	4	1 121.35	19	19	2	522.95
河　　北	2 810	2 942	44	8 075.26	181	225	21	5 535.58
山　　西	352	385	9	2 170.26	116	122	7	1 743.48
内 蒙 古	328	389	17	3 379.61	71	80	8	1 681.88
辽　　宁	1 123	1 118	35	2 446.86	42	47	4	779.67
吉　　林	59	59	2	545.65	41	41	2	511.00
黑 龙 江	1 155	1 261	27	4 883.76	136	166	18	4 215.85
上　　海	76	90	10	1 564.60	27	41	7	1 376.08
江　　苏	3 517	4 057	92	10 500.89	249	284	26	4 440.04
浙　　江	17 409	17 101	159	12 028.32	118	145	17	1 612.67
安　　徽	1 727	1 904	25	3 061.84	143	157	13	2 333.03
福　　建	4 995	5 133	63	9 725.00	275	286	29	5 100.00
江　　西	5 732	6 365	116	8 183.14	494	538	52	3 770.84
山　　东	4 819	5 983	101	15 338.06	274	308	33	8 458.79
河　　南	5 275	5 458	114	13 011.34	582	594	51	8 651.70
湖　　北	3 220	4 383	53	6 935.20	175	201	13	3 325.58
湖　　南	16 978	19 127	115	7 722.93	223	264	23	2 452.61
广　　东	5 552	5 648	145	15 682.49	623	643	64	7 315.80
广　　西	2 778	2 783	35	2 642.52	78	81	7	1 424.06
海　　南	1 424	1 542	37	9 272.99	355	371	20	5 878.08
重　　庆	2 168	2 286	54	2 719.27	147	173	13	1 205.99
四　　川	4 885	5 736	138	29 818.04	445	514	46	16 747.04
贵　　州	1 435	1 680	28	3 125.11	100	123	8	1 481.24
云　　南	146	217	4	235.60	18	34	3	164.39
西　　藏	10	11		21.27				
陕　　西	2 068	2 492	37	1 789.79	130	150	11	799.76
甘　　肃	196	194	7	1 532.05	59	62	6	1 266.61
青　　海	150	171	5	168.00	24	24	1	64.00
宁　　夏	90	107	7	1 355.25		3	1	189.07
新　　疆	376	451	11	2 133.02	33	48	5	1 453.85

各地区沼气工程情况（三）

地区	处理农业废弃物工程							
	中型沼气工程				小型沼气工程			
	年初数（处）	数量（处）	总池容（万立方米）	年产气量（万立方米）	年初数（处）	年末累计		
						数量（处）	总池容（万立方米）	年产气量（万立方米）
全国总计	**9 767**	**10 285**	**396.37**	**38 183.21**	**76 588**	**83 512**	**577.34**	**44 554.77**
北京	82	78	3.00	622.99	13	27	0.54	105.62
天津	2	1	0.03	4.50	593	375	2.83	593.90
河北	10	10	0.32	94.20	2 617	2 705	21.62	1 916.73
山西	36	33	1.00	264.25	200	230	1.07	162.53
内蒙古	16	14	0.49	96.23	238	292	5.51	401.50
辽宁	633	656	28.99	1 587.42	448	415	2.00	79.77
吉林	5	5	0.15	30.00	13	13	0.05	4.65
黑龙江	3	3	0.24	0.10	1 016	1 092	8.51	667.81
上海	41	41	2.18	168.73	8	8	0.41	19.79
江苏	1 008	1 144	38.37	2 398.26	2 260	2 629	28.56	3 662.59
浙江	658	591	25.16	1 770.93	16 633	16 365	117.21	8 644.72
安徽	28	28	1.17	69.84	1 556	1 719	10.41	658.97
福建	693	709	24.88	3 810.00	4 027	4 138	9.52	815.00
江西	608	644	27.44	1 882.99	4 630	5 183	36.01	2 529.31
山东	239	271	10.39	1 401.35	4 305	5 402	53.21	3 747.92
河南	794	844	29.34	2 115.92	3 898	4 019	32.20	2 063.73
湖北	51	56	1.81	312.17	2 993	4 125	36.06	3 215.44
湖南	613	693	22.73	913.83	16 142	18 170	69.93	4 356.49
广东	909	985	47.68	5 829.78	4 016	4 016	31.98	2 056.91
广西	440	410	18.19	209.92	2 260	2 292	9.64	1 008.54
海南	357	359	10.77	2 342.80	712	812	5.77	1 052.11
重庆	590	616	27.25	700.32	1 431	1 497	13.53	812.96
四川	1 406	1 494	50.65	9 250.73	3 034	3 728	41.25	3 820.27
贵州	176	202	6.60	691.28	1 159	1 355	13.72	952.58
云南	9	12	0.62	15.70	119	171	1.14	55.52
西藏	10	11	0.39	21.27				
陕西	245	254	9.44	283.43	1 693	2 088	16.02	706.60
甘肃	9	9	0.36	51.96	128	123	0.85	213.47
青海					126	147	4.00	104.00
宁夏	90	104	6.39	1 166.18				
新疆					320	376	3.79	125.34

各地区生活污水净化沼气池情况（一）

地区	合计						村级处理系统	
	年初数		本年新增		年末累计		年初数	
	池数（处）	总池容（万立方米）	池数（处）	总池容（万立方米）	池数（处）	总池容（万立方米）	池数（处）	总池容（万立方米）
全国总计	**208 551**	**970.03**	**8 510**	**46.57**	**213 226**	**1 009.74**	**74 454**	**237.38**
北京								
天津	8	0.06			8	0.06		
河北	159	0.94		0.01	153	0.92	10	0.14
山西	28	0.06			28	0.06		
内蒙古	5	0.23			1	0.07		
辽宁								
吉林	3	0.05			3	0.05	3	0.05
黑龙江								
上海								
江苏	34 866	118.57	785	3.70	35 639	122.07	1 050	4.67
浙江	75 403	237.49	6 134	18.46	78 405	251.89	65 874	174.01
安徽	1 505	4.66	7	0.07	1 509	4.71	55	0.58
福建	1 111	2.41			1 105	2.40	499	0.98
江西	1 947	6.53	12	0.07	1 941	6.55	288	1.49
山东	159	1.45			156	1.43	31	0.09
河南	649	2.80	5	0.03	602	2.69	10	0.13
湖北	1 287	7.43	13	0.08	1 300	7.51	81	0.69
湖南	2 045	9.77	18	0.18	2 045	9.82	499	0.95
广东	6 445	9.30			6 445	9.30	2 243	2.29
广西	354	3.54			120	3.33	82	0.20
海南								
重庆	17 186	121.12	92	1.23	17 113	121.63	1 175	16.53
四川	64 756	437.60	1 404	21.76	66 003	458.42	2 291	31.50
贵州	332	2.56	25	0.26	355	2.81	143	1.20
云南	139	2.31	11	0.09	150	2.41	117	1.87
西藏			4	0.62	4	0.62		
陕西	123	0.87			105	0.75		
甘肃	34	0.22			29	0.19	3	0.01
青海								
宁夏	7	0.06			7	0.06		
新疆								

注：年末累计减年初数减本年新增为本年报废处。

各地区生活污水净化沼气池情况（二）

地区	村级处理系统				学校			
	本年新增		年末累计		年初数		本年新增	
	池数（处）	总池容（万立方米）	池数（处）	总池容（万立方米）	池数（处）	总池容（万立方米）	池数（处）	总池容（万立方米）
全国总计	**6 256**	**20.44**	**78 757**	**255.80**	**7 584**	**57.73**	**202**	**2.18**
北京								
天津								
河北		0.01	10	0.15	119	0.59		
山西								
内蒙古					5	0.23		
辽宁								
吉林			3	0.05				
黑龙江								
上海								
江苏	43	0.21	1 090	4.87	1 426	5.56	59	0.52
浙江	6 023	17.08	69 988	189.22	412	4.57	18	0.23
安徽			55	0.58	220	1.25	5	0.03
福建			493	0.97	100	0.63		
江西	8	0.06	291	1.52	440	2.17	4	0.01
山东			31	0.09	120	1.30		
河南			10	0.13	573	2.42	5	0.03
湖北			81	0.69	626	4.39	13	0.08
湖南			499	0.95	543	3.14		
广东			2 243	2.29	126	0.70		
广西			60	0.17	272	3.34		
海南								
重庆	22	0.16	1 197	16.69	598	7.50		
四川	125	2.48	2 408	33.91	1 644	17.13	95	1.27
贵州	25	0.26	168	1.46	189	1.36		
云南	7	0.06	124	1.93	10	…	3	0.02
西藏	3	0.12	3	0.12				
陕西					123	0.87		
甘肃			3	0.01	31	0.20		
青海								
宁夏					7	0.06		
新疆								

各地区生活污水净化沼气池情况（三）

地区	学校		其他公共场所					
	年末累计		年初数		本年新增		年末累计	
	池数（处）	总池容（万立方米）	池数（处）	总池容（万立方米）	池数（处）	总池容（万立方米）	池数（处）	总池容（万立方米）
全国总计	**7 471**	**58.90**	**126 513.2**	**674.92**	**2 052**	**23.95**	**126 998**	**695.04**
北京								
天津			8	0.06			8	0.06
河北	117	0.58	30	0.20			26	0.18
山西			28	0.06			28	0.06
内蒙古	1	0.07						
辽宁								
吉林								
黑龙江								
上海								
江苏	1 485	6.08	32 390	108.34	683	2.97	33 064	111.12
浙江	422	4.51	9 117	58.91	93	1.15	7 995	58.16
安徽	225	1.28	1 230	2.83	2	0.04	1 229	2.85
福建	100	0.63	512	0.80			512	0.80
江西	443	2.18	1 219	2.87			1 207	2.85
山东	119	1.29	8	0.07			6	0.05
河南	530	2.32	66	0.25			62	0.24
湖北	639	4.47	580	2.35			580	2.35
湖南	538	3.12	1 003	5.68	18	0.18	1 008	5.75
广东	126	0.70	4 076	6.31			4 076	6.31
广西	60	3.16						
海南								
重庆	589	7.45	15 413.2	97.09	70	1.08	15 327	97.50
四川	1 739	18.40	60 821	388.97	1 184	18.02	61 856	406.12
贵州	187	1.35						
云南	13	0.33	12	0.14	1	0.01	13	0.15
西藏					1	0.50	1	0.50
陕西	105	0.75						
甘肃	26	0.18						
青海								
宁夏	7	0.06						
新疆								

各地区省柴节煤灶及节能炕情况

地区	省柴节煤灶（万台）			节能炕（万铺）		
	年初数	本年新增	年末累计	年初数	本年新增	年末累计
全国总计	**12 522.96**	**140.62**	**12 271.09**	**1 936.58**	**28.40**	**1 914.31**
北　京	7.53		6.53	39.12	0.06	37.68
天　津	36.76		34.04			
河　北	505.21	6.24	483.81	139.99	1.15	130.72
山　西	40.36	1.73	38.56	33.51	5.31	36.20
内蒙古	158.20	0.52	149.59	40.84	0.53	40.27
辽　宁	327.60	8.75	324.19	451.18	10.42	452.17
吉　林	252.67	0.90	249.73	277.09	1.61	273.33
黑龙江	213.85	2.70	216.31	326.92	2.04	328.71
上　海						
江　苏	767.01	5.10	726.19			
浙　江	486.50	1.62	443.67			
安　徽	769.24	1.11	751.37			
福　建	152.36		150.68			
江　西	516.03	8.49	512.02			
山　东	1 029.00	4.31	986.47	344.43	0.64	338.98
河　南	1 120.62	4.37	1 090.63			
湖　北	635.64	16.71	630.44			
湖　南	754.56	11.64	751.31			
广　东	661.04		653.39			
广　西	744.48	10.61	749.01			
海　南	87.04		85.81			
重　庆	353.36	1.78	341.02			
四　川	1 142.22	19.83	1 144.58		…	…
贵　州	341.44	6.69	333.76			
云　南	600.25	16.55	603.87			
西　藏						
陕　西	211.01	6.13	212.96	70.93	1.25	69.20
甘　肃	330.28	3.45	321.46	184.90	4.91	179.80
青　海	81.50		81.50	3.63	0.01	3.64
宁　夏	50.56	0.82	50.98	20.97	0.49	20.54
新　疆	146.66	0.58	147.21	3.01		3.01

注：年末累计减年初数减本年新增为本年报废处。

各地区节能炉及燃池情况

地区	节能炉（万台）			燃池（万个）		
	年初数	本年新增	年末累计	年初数	本年新增	年末累计
全国总计	**3 184.55**	**75.93**	**3 119.57**	**19.56**	**0.49**	**19.68**
北京	4.46		3.74			
天津	38.76		36.56			
河北	603.48	13.33	595.60	4.83	0.14	4.69
山西	64.04	0.06	60.51			
内蒙古	13.18	0.31	13.02	0.22		0.14
辽宁	2.37	1.80	4.18	2.00	0.16	2.16
吉林	98.26	2.55	94.17			
黑龙江	71.92	2.09	73.62	12.51	0.19	12.68
上海						
江苏	58.13	2.26	57.40			
浙江	5.25	0.12	4.95			
安徽	111.29	2.78	103.96			
福建						
江西	102.05	2.18	99.54			
山东	631.45	6.26	604.16			
河南	248.77	5.72	237.38			
湖北	142.48	9.96	147.95			
湖南	349.69	7.15	345.94			
广东	0.07		0.07			
广西	2.30	0.06	2.11			
海南						
重庆	60.57	1.57	59.54			
四川	240.27	2.16	230.25	…		…
贵州	94.30	4.03	96.31			
云南	2.36		2.36			
西藏						
陕西	76.98	3.02	77.96			
甘肃	150.45	5.53	153.68			
青海	6.48	2.53	8.97			
宁夏	2.30	0.47	2.75			
新疆	2.87		2.87			

注：年末累计减年初数减本年新增为本年报废处。

各地区太阳能利用情况（一）

地 区	太阳热水器（万平方米）			太阳灶（台）		
	年初数	本年新增	年末累计	年初数	本年新增	年末累计
全国总计	**6 802**	**586**	**7 295**	**2 207 246**	**135 378**	**2 264 356**
北 京	79	2	74	1 222		1 197
天 津	35	1	35			
河 北	586	30	606	36 059	6 874	42 247
山 西	404	4	408	18 242	17 594	35 836
内 蒙 古	57	6	62	45 880	8 468	52 592
辽 宁	117	14	128	1 039		986
吉 林	51	14	64	1 235		821
黑 龙 江	68	5	73	511		511
上 海	78	2	81			
江 苏	729	59	776			
浙 江	555	44	595		40	40
安 徽	503	37	525			
福 建	41	1	41			
江 西	151	26	174			
山 东	1 055	84	1 119	6 690	362	6 508
河 南	444	48	488	4		
湖 北	292	23	314			
湖 南	164	22	183			
广 东	30		30	22		
广 西	67	11	78			
海 南	390		390			
重 庆	27	17	44			
四 川	122	33	152	121 728	21	121 714
贵 州	49	6	55			
云 南	262	45	303	264		264
西 藏	128	20	147	371 615	12 566	381 556
陕 西	148	9	156	223 836	24 778	240 929
甘 肃	82	17	99	730 301	52 018	737 941
青 海	3	4	7	241 318	850	242 168
宁 夏	32	3	35	395 471	9 275	385 052
新 疆	52		52	11 809	2 532	13 994

注：年末累计减年初数减本年新增为本年报废处。

各地区太阳能利用情况（二）

地区	太阳房（万平方米）			户用太阳房（万平方米）			太阳能校舍（万平方米）		
	年初数	本年新增	年末累计	年初数	本年新增	年末累计	年初数	本年新增	年末累计
全国总计	**2 352**	**157**	**2 446**	**2 242**	**139**	**2 326**	**64**	**2**	**62**
北京	93	37	115	93	37	115	…		…
天津	1		1	…		…	1		1
河北	150	1	140	140	1	133	9		6
山西	…		…	…		…			
内蒙古	101	1	94	98	1	90	…		…
辽宁	535	13	532	500	13	500	23		22
吉林	289		289	286		286	4		4
黑龙江	449	37	485	433	37	469	7		
上海	5		5						
江苏	5	1	7	5		5			
浙江									
安徽									
福建									
江西		1	1						
山东	17	2	17	12		10	5	2	7
河南	2	…	2	1		1	1		1
湖北									
湖南	7	7	14					…	…
广东									
广西			…						
海南									
重庆									
四川	2	1	3	2	1	2	…		…
贵州									
云南									
西藏									
陕西	1		1						
甘肃	239	35	266	228	27	247	7	…	7
青海	428	22	450	426	22	448	2		2
宁夏	16		16	9		9	5		5
新疆	9		9	9		9			

各地区秸秆优质化能源利用情况（一）

单位：处、万户

地区	秸秆热解气化集中供气					秸秆沼气集中供气				
	年初数	本年新增	年末累计	运行数量数	供气户数	年初数	本年新增	年末累计	运行数量数	供气户数
全国总计	**961**	**25**	**906**	**466**	**17.23**	**409**	**49**	**434**	**372**	**7.83**
北京	145		144	56	1.93	2		2	2	0.03
天津	48		41	3	0.10	3		3	2	0.13
河北	29	3	30	20	0.86	29	3	31	24	1.94
山西	107		59	59	2.05	11		11	11	1.07
内蒙古	3		3	3	0.06	2		2	2	0.05
辽宁	268	3	263	39	1.80	3		3	2	0.01
吉林	17		17	11	0.21					
黑龙江	32		28	8	0.26	7		7	4	0.12
上海										
江苏	197	10	203	169	5.33	59	14	73	50	0.53
浙江						72	12	84	80	0.77
安徽	6		4	1	0.10	1		1	1	0.04
福建										
江西		1	1	1	0.02	92		92	90	0.45
山东	70	8	74	66	2.22	13	2	15	12	0.36
河南	5		5	4	0.09	70	12	78	67	1.71
湖北	21		21	19	1.97	2		2	2	0.11
湖南						1	1	2	2	0.04
广东						6		6	6	0.21
广西						4		3	3	0.11
海南										
重庆						1		1		
四川	4		4	4	0.10	2		1	1	0.02
贵州						6	1	7	6	0.11
云南	6		6	1	0.08	2				
西藏							4	4	4	0.02
陕西										
甘肃	2		2	1	0.01	1		1		
青海										
宁夏	1		1	1	0.04	20		5	1	…
新疆										

注：年末累计减年初数减本年新增为本年报废处。

各地区秸秆优质化能源利用情况（二）

单位：处、吨

地区	秸秆固化成型				秸秆炭化			
	年初数	本年新增	年末累计	年产量	年初数	本年新增	年末累计	年产量
全国总计	**895**	**198**	**1 060**	**4 827 696**	**102**	**7**	**105**	**267 334**
北京	21		21	89 900				
天津	5		5	4 900	4		4	39
河北	149	35	175	240 240	4		4	11 180
山西	16		16	7 300				
内蒙古	1		1	2 000				
辽宁	108	29	137	430 515	1			
吉林	3		3	1 600				
黑龙江	129	20	144	640 200	2		2	
上海	1		1					
江苏	264	76	333	1 418 438	3	2	5	27 500
浙江	17	7	23	155 400	7	5	12	30 190
安徽	28	14	42	305 085	4		3	14 000
福建								
江西		1	1	10 000				
山东	106	9	105	991 000	9		9	10 420
河南	19	3	21	139 280	4		4	23 640
湖北	17		17	257 760	40		39	38 905
湖南	1	2	3	122 000	21		20	110 280
广东								
广西								
海南								
重庆					1		1	1 000
四川	5		5	11 198				
贵州								
云南	1		1	250	2		2	180
西藏								
陕西	1		1					
甘肃	3	2	5	630				
青海								
宁夏								
新疆								

各地区小型电源利用情况（一）

地　　区	小型光伏发电					
	年初数		本年新增		年末累计	
	数量（处）	装机容量（千瓦）	数量（处）	装机容量（千瓦）	数量（处）	装机容量（千瓦）
全国总计	**283 896**	**16 324**	**20 471**	**7 210**	**294 588**	**23 078**
北　京	162 673	7 769	4 948	638	160 534	8 019
天　津						
河　北	13 897	878	1 106	59	14 958	934
山　西			3 600	360	3 600	360
内 蒙 古	4 963	910	5 437	1 583	10 378	2 492
辽　宁	42 235	2 585	1 029	24	42 853	2 588
吉　林						
黑 龙 江	882	35			782	35
上　海						
江　苏	904	104	155	33	1 059	137
浙　江	418	234	245	42	658	260
安　徽	257	523	125	494	382	1 016
福　建						
江　西	3	60	83	2 780	86	2 840
山　东	1 396	69	510	62	1 856	126
河　南	119	10	9		128	10
湖　北						
湖　南	1 390	886	140	187	1 530	1 072
广　东	3	186			3	186
广　西						
海　南	32	53			27	45
重　庆						
四　川						
贵　州						
云　南	125	55	1	36	126	91
西　藏						
陕　西						
甘　肃	6 221	251	84	14	4 251	250
青　海	45 466	725	2 999	900	48 465	1 624
宁　夏	514	940			514	940
新　疆	2 398	53			2 398	53

注：年末累计减年初数减本年新增为本年报废处。

各地区小型电源利用情况（二）

地区	小型风力发电					
	年初数		本年新增		年末累计	
	数量（处）	装机容量（千瓦）	数量（处）	装机容量（千瓦）	数量（处）	装机容量（千瓦）
全国总计	**114 119**	**34 318**	**4 689**	**1 153**	**114 721**	**34 800**
北　京	10	10			10	10
天　津						
河　北	220	70			217	69
山　西	3	6			3	6
内蒙古	88 475	24 844	1 819	664	86 802	24 986
辽　宁	53	241			53	241
吉　林	265	29			265	29
黑龙江	1 887	2 006			1 887	2 006
上　海						
江　苏	4 242	605	2 450	116	6 406	692
浙　江	131	585			131	585
安　徽	680	122	197	202	713	304
福　建	383	546			383	546
江　西	28	25			28	25
山　东	3 323	1 060	142	136	3 442	1 188
河　南	81	9			81	9
湖　北	1 440	270			1 440	270
湖　南	14	2			13	2
广　东	73	110			73	110
广　西	1 127	118	5	2	1 132	119
海　南	59	71	2	3	54	66
重　庆						
四　川						
贵　州	49	6			49	6
云　南	97	72			3	
西　藏						
陕　西	80	9			80	9
甘　肃	1 701	503	74	30	1 758	523
青　海	1 308	131			1 308	131
宁　夏	2 097	295			2 097	295
新　疆	6 293	2 573			6 293	2 573

各地区小型电源利用情况（三）

地　　区	微型水力发电					
	年初数		本年新增		年末累计	
	数量（处）	装机容量（千瓦）	数量（处）	装机容量（千瓦）	数量（处）	装机容量（千瓦）
全国总计	**33 761**	**100 577**	**94**	**88**	**31 764**	**96 756**
北　　京						
天　　津						
河　　北						
山　　西	3	18			3	18
内 蒙 古						
辽　　宁						
吉　　林						
黑 龙 江						
上　　海						
江　　苏						
浙　　江	216	276			216	276
安　　徽	12	35			12	35
福　　建	271	1 976			271	1 976
江　　西	5 729	10 203	3	5	5 392	9 708
山　　东	11	67			11	67
河　　南	21	246			21	246
湖　　北	23	119			12	60
湖　　南	1 702	7 607			1 698	7 602
广　　东	2 605	20 936			2 605	20 936
广　　西	12 699	19 526			12 019	18 778
海　　南	19	185	1	10	16	156
重　　庆	82	391			82	391
四　　川	93	3 108			93	3 108
贵　　州	2 596	5 370			2 596	5 370
云　　南	6 865	14 984	90	74	5 927	12 656
西　　藏						
陕　　西	83	4 830			83	4 830
甘　　肃	229	1 918			205	1 762
青　　海	290	8 780			290	8 780
宁　　夏						
新　　疆	212	3			212	3

十、农村经营管理情况

全国农村土地承包经营及管理情况

单位：公顷、户、份、个、件

项　　目	数　　量	比上年增减（%）
耕地承包情况		
家庭承包经营的耕地面积	88 472 803	1.3
家庭承包经营的农户数	230 087 994	0.1
家庭承包合同份数	222 513 362	0.3
颁发土地承包经营权证份数	207 378 805	-0.6
家庭承包耕地流转情况		
家庭承包耕地流转总面积	22 734 681	22.5
按流转形式划分		
转包	10 656 403	16.4
转让	742 435	1.3
互换	1 406 038	17.1
出租	7 200 176	34.5
股份合作	1 577 867	44.3
其他形式	1 151 763	12.9
按流转去向划分		
流转入农户的面积	13 706 273	14.2
流转入专业合作社的面积	4 629 351	57.5
流转入企业的面积	2 146 880	26.0
流转入其他主体的面积	2 252 177	18.1
流转用于种植粮食作物的面积	12 850 109	23.7
流转出承包耕地的农户数	52 610 065	18.5
签订耕地流转合同份数	37 563 440	20.9
签订流转合同的耕地流转面积	14 991 071	24.0
仲裁机构队伍情况		
仲裁委员会数	2 411	6.7
县级仲裁委员会数	2 214	7.7
仲裁委员会人员数	35 481	15.5
农民委员人数	6 921	3.0
聘任仲裁员数	29 817	43.5
仲裁委员会日常工作机构人数	13 167	20.4
专职人员数	5 536	19.9

全国村集体经济组织收益情况

单位：万元、万个

项　　目	数　　量	比上年增减（%）
总收入	**38 719 219.0**	**8.3**
经营收入	14 118 023.3	3.3
发包及上交收入	7 357 333.2	5.1
投资收益	1 113 206.5	13.2
补助收入	6 925 231.2	17.3
其他收入	9 205 424.8	12.2
总支出	**26 673 196.8**	**8.1**
经营支出	9 369 628.6	2.9
管理费用	7 381 217.1	5.2
干部报酬	2 664 985.0	6.0
报刊费	139 572.0	-2.8
其他支出	9 922 351.1	16.1
本年收益	**12 046 022.2**	**8.6**
汇入本表村数	**58.7**	**-0.3**
当年无经营收益的村	32.0	2.7
当年有经营收益的村	26.7	-3.7
5 万元以下的村	13.7	-9.4
5 万~10 万元的村	5.2	1.2
10 万~50 万元的村	4.9	2.9
50 万~100 万元的村	1.3	8.7
100 万元以上的村	1.6	5.9

全国村集体经济组织资产负债情况

单位：万元

项　　目	数　　量	比上年增减（%）
流动资产合计	**104 095 501.0**	**12.1**
货币资金	45 179 541.5	14.5
短期投资	4 686 714.9	14.5
应收款项	52 351 355.3	9.8
存货	1 877 889.3	14.0
农业资产合计	**2 847 788.5**	**5.1**
牲畜（禽）资产	493 282.4	-2.0
林木资产	2 354 506.1	6.7
长期资产合计	**132 817 610.8**	**8.6**
长期投资	15 986 986.2	7.1
固定资产合计	111 783 859.4	8.8
固定资产净值	80 152 370.1	7.7
固定资产清理	848 924.8	3.3
在建工程	30 782 564.5	12.1
其他资产	5 046 765.2	9.2
资产总计	**239 760 900.3**	**10.1**
流动负债合计	**80 023 752.9**	**8.9**
短期借款	9 246 047.8	-8.3
应付款项	68 852 219.2	12.0
应付工资	1 023 226.8	-0.4
应付福利费	902 259.1	3.7
长期负债合计	**14 720 129.4**	**6.9**
长期借款及应付款	13 819 607.5	6.1
一事一议资金	900 521.9	20.6
所有者权益合计	**145 017 018.0**	**11.0**
资本	38 837 817.6	4.8
公积公益金	103 173 998.0	14.4
未分配收益	3 005 202.4	-10.3
负债及所有者权益合计	**239 760 900.3**	**10.1**

全国农民负担情况

单位：万元

项　　目	数　　量	比上年增减（%）
上交集体款项	**1 950 995.5**	**-10.3**
一事一议筹资	750 232.2	-23.9
土地承包金	1 017 758.3	2.1
共同生产费	56 225.3	-13.6
建房收费	34 664.7	4.9
其他款项	92 115.0	-1.8
社会负担	**1 720 748.5**	**14.4**
罚款	32 698.2	-3.4
集资摊派	9 901.0	-30.6
道路集资摊派	6 170.4	-36.7
水利集资摊派	1 877.3	-13.2
办电集资摊派	259.9	-52.9
其他集资摊派	1 593.4	-12.1
行政事业性收费	1 678 149.3	15.2
农民建房收费	73 018.8	-6.8
外出务工经商收费	71 160.0	-8.1
农机、摩托车、三轮车和低速载货汽车收费	262 184.0	-10.7
计划生育收费	1 212 035.2	28.6
其他收费	59 751.3	-7.4
村民筹资和以资代劳	**1 310 050.4**	-20.7
以资代劳	559 818.1	-16.0
一事一议筹劳（万个）	**105 025.0**	**-27.1**

十一、农业自然灾害

各地区农业自然灾害情况（一）

单位：千公顷

地区	总计			旱灾			洪涝灾		
	受灾	成灾	绝收	受灾	成灾	绝收	受灾	成灾	绝收
全国总计	**31 350**	**14 303**	**3 844**	**14 100**	**5 852**	**1 416**	**8 757**	**4 859**	**1 539**
北京	27	11	4				10	4	
天津	8	2	1						
河北	1 107	528	95	250	139	7	311	198	42
山西	1 592	578	132	1 002	258	34	145	87	19
内蒙古	1 733	858	233	583	173	24	549	294	131
辽宁	451	271	82	24	14	4	336	203	58
吉林	623	221	68				427	211	62
黑龙江	2 734	1 896	829				2 654	1 850	815
上海	28	9	2						
江苏	487	193	25	223	117	12	12	4	1
浙江	1 327	587	143	636	247	58	29	14	2
安徽	1 770	510	138	1 165	234	118	317	195	11
福建	277	148	24	32	16	1	18	13	2
江西	1 049	606	85	576	334	69	292	162	8
山东	1 462	531	145	207			901	459	142
河南	1 180	359	94	848	231	72	61	4	
湖北	2 488	954	141	1 862	739	110	456	158	23
湖南	3 047	1 551	497	2 076	1 135	425	447	160	27
广东	1 135	451	119	8	5		136	104	13
广西	694	179	20	52	36	6	74	7	1
海南	165	93	57						
重庆	455	168	38	309	105	27	99	47	9
四川	1 493	503	97	800	199	32	605	273	57
贵州	1 522	842	310	1 175	693	271	123	48	13
云南	1 231	558	162	807	370	98	126	69	17
西藏	22	9	4				13	4	1
陕西	813	387	91	400	200	10	199	101	49
甘肃	1 277	652	66	695	372	19	279	147	22
青海	171	60	8	42	24		16	1	
宁夏	301	160	42	194	113	11	54	13	6
新疆	565	391	89	135	99	9	70	31	7

各地区农业自然灾害情况（二）

单位：千公顷

地　　区	风雹灾			冷冻灾			台风灾		
	受　灾	成　灾	绝　收	受　灾	成　灾	绝　收	受　灾	成　灾	绝　收
全国总计	**3 387**	**1 682**	**412**	**2 320**	**885**	**181**	**2 670**	**987**	**290**
北　京	17	7	3						
天　津	8	2	1						
河　北	386	160	29	159	32	16			
山　西	161	129	21	284	104	59			
内蒙古	470	322	77	132	70				
辽　宁	91	55	20						
吉　林	196	11	6						
黑龙江	66	44	13	14	2	1			
上　海							28	9	2
江　苏	164	50	6	56	15	6	32	7	
浙　江	3	2	1	47	20	2	613	303	80
安　徽	39	10	4	249	71	5			
福　建	20	17	4	8	2		200	99	17
江　西	25	20	1	132	80	3	25	10	4
山　东	112	12	1	243	60	2			
河　南	199	101	21	72	23	1			
湖　北	70	18	7	100	41	2			
湖　南	181	101	17	167	115	8	176	40	19
广　东	6	4	2				984	339	105
广　西	49	20	7	67	25	1	453	91	6
海　南	5	3					159	90	57
重　庆	19	5	2	28	12	1			
四　川	62	21	5	26	10	2			
贵　州	169	77	24	55	23	1			
云　南	185	70	37	112	49	10			
西　藏	8	4	3	2	1				
陕　西	116	39	7	99	47	25			
甘　肃	201	108	19	103	26	5			
青　海	31	21	5	83	13	3			
宁　夏	8	5	2	45	30	24			
新　疆	321	245	70	39	17	2			

各地区农作物病虫草鼠害发生、防治面积及损失情况（一）

地　　区	发生面积（千公顷次）	防治面积（千公顷次）	挽回损失（吨）			
			粮　食	棉　花	油　料	其　他
全国总计	**607 664**	**718 509**	**96 806 226**	**1 497 127**	**3 626 488**	**8 355 648**
北　京	1 466	1 788	184 260		799	300
天　津	2 186	2 113	178 352	23 082	120	
河　北	46 874	43 990	3 571 712	423 665	137 323	69 747
山　西	15 449	13 817	1 351 398	13 740	4 518	1 686
内 蒙 古	18 719	16 558	3 848 559		101 049	111 006
辽　宁	16 069	16 364	3 053 933	37	127 744	8 509
吉　林	16 236	19 650	5 513 948	1	20 070	10 669
黑 龙 江	32 884	33 721	5 228 348		6 485	42 014
上　海	2 657	4 385	456 491		3 922	2 586
江　苏	41 291	57 313	10 252 425	40 468	195 854	9 795
浙　江	16 154	23 438	2 715 329	3 814	62 768	455 903
安　徽	29 999	41 108	5 662 195	43 546	216 282	51 126
福　建	6 385	8 646	921 731		31 595	63 846
江　西	17 678	26 466	5 199 662	23 669	32 702	7 685
山　东	55 870	59 672	8 956 181	181 009	455 649	30 685
河　南	52 675	60 892	6 902 060	46 788	680 325	10 745
湖　北	29 777	45 285	4 844 405	182 422	423 057	60 846
湖　南	50 524	61 082	7 578 859	78 969	300 816	113 734
广　东	29 046	39 402	4 490 509		200 751	773 008
广　西	23 233	23 614	3 274 120		56 604	5 201 511
海　南	2 661	2 843	320 168		8 483	78 158
重　庆	7 457	6 588	1 261 192		38 859	19 556
四　川	21 180	27 820	3 640 587	1 909	220 370	118 487
贵　州	7 516	10 899	1 138 709		44 582	50 319
云　南	12 723	19 259	1 713 308	1	81 965	679 705
西　藏						
陕　西	19 739	20 718	1 379 731	7 741	36 078	18 618
甘　肃	12 581	12 792	1 306 306	20 518	37 517	40 286
青　海	1 595	1 530	110 114		48 810	8 457
宁　夏	4 031	3 945	857 751		11 117	33 559
新　疆	13 010	12 813	893 882	405 747	40 273	283 101

各地区农作物病虫草鼠害发生、防治面积及损失情况（二）

地区	实际损失（吨）			
	粮食	棉花	油料	其他
全国总计	**19 142 462**	**341 148**	**846 874**	**1 506 864**
北京	26 950		451	30
天津	60 495	4 879	58	
河北	704 379	93 440	27 047	14 262
山西	311 969	4 106	1 804	408
内蒙古	1 167 367		45 317	15 267
辽宁	1 030 810	15	29 522	3 825
吉林	1 433 866	1	4 368	759
黑龙江	2 188 074		2 749	7 055
上海	25 225		1 269	113
江苏	613 910	5 921	25 884	1 051
浙江	190 183	464	8 810	40 458
安徽	1 160 489	12 074	48 355	7 223
福建	129 565		4 608	9 658
江西	472 196	7 535	11 228	1 197
山东	1 646 587	27 134	102 403	4 169
河南	1 728 432	9 763	162 813	2 332
湖北	765 366	43 657	87 220	14 635
湖南	811 839	16 247	60 289	12 244
广东	879 321		43 255	77 888
广西	413 371		9 563	870 182
海南	133 471		3 012	37 050
重庆	309 873		12 060	5 406
四川	491 491	408	34 516	16 843
贵州	505 737		26 244	14 961
云南	314 492		18 844	200 360
西藏				
陕西	504 556	1 630	14 733	4 900
甘肃	427 752	1 539	12 491	12 996
青海	64 403		30 215	2 497
宁夏	213 358		6 102	9 994
新疆	416 934	112 336	11 642	119 103

各地区农作物病虫害发生、防治面积及损失情况（一）

地区	发生面积（千公顷次）	防治面积（千公顷次）	挽回损失（吨）			
			粮食	棉花	油料	其他
全国总计	**359 533**	**445 990**	**69 832 297**	**1 189 378**	**2 481 447**	**6 476 235**
北京	823	1 074	115 493		379	300
天津	1 200	1 143	95 849	16 074	101	
河北	29 331	27 968	2 456 232	307 556	87 488	41 737
山西	9 724	8 806	1 114 628	12 789	3 810	1 351
内蒙古	9 077	8 098	2 804 254		28 963	77 313
辽宁	9 636	9 557	2 089 493	37	100 892	7 640
吉林	7 128	9 642	3 026 732	1	9 940	1 879
黑龙江	15 354	15 557	2 747 137		2 393	21 367
上海	1 901	3 196	312 326		600	
江苏	27 230	39 134	7 492 257	34 593	102 726	7 975
浙江	10 658	15 776	2 088 249	3 411	38 603	386 305
安徽	17 467	25 789	3 699 683	28 096	86 360	16 619
福建	3 775	5 273	676 621		16 417	54 284
江西	9 720	18 009	4 997 977	21 844	23 960	
山东	34 422	37 711	6 084 934	142 557	378 377	11 454
河南	33 980	40 757	5 264 701	35 707	582 515	6 054
湖北	18 767	30 313	3 834 564	148 021	233 176	52 049
湖南	31 443	39 542	6 260 950	63 893	229 584	69 607
广东	17 512	23 779	3 329 789		148 810	711 891
广西	12 833	13 562	2 194 809		33 239	3 987 642
海南	1 455	1 624	150 140		5 825	62 614
重庆	4 167	3 944	1 022 040		24 093	16 701
四川	10 851	16 052	2 731 619	1 614	138 410	94 714
贵州	4 378	7 280	942 484		30 665	35 968
云南	6 997	11 374	1 194 130	1	66 990	567 038
西藏						
陕西	12 353	13 327	1 024 842	7 022	25 303	9 875
甘肃	7 218	7 707	1 046 466	17 035	28 830	28 568
青海	736	697	55 927		34 424	5 217
宁夏	2 366	2 446	514 056		5 392	29 653
新疆	7 030	6 854	463 914	349 128	13 184	170 422

各地区农作物病虫害发生、防治面积及损失情况（二）

地　区	实际损失（吨）			
	粮　食	棉　花	油　料	其　他
全国总计	**14 180 100**	**303 148**	**652 498**	**1 248 864**
北　京	14 522		396	30
天　津	45 483	4 024	55	
河　北	530 464	87 641	21 941	10 880
山　西	256 841	3 367	1 467	278
内蒙古	952 436		28 202	11 241
辽　宁	784 578	15	23 496	3 055
吉　林	956 559	1	3 447	182
黑龙江	1 657 247		1 023	5 804
上　海	16 966		895	
江　苏	467 444	4 954	21 311	823
浙　江	151 465	404	5 946	35 634
安　徽	790 020	7 667	26 584	2 505
福　建	98 898		3 001	7 620
江　西	373 798	6 811	6 517	
山　东	1 034 453	20 703	87 832	1 809
河　南	1 450 578	8 018	149 983	1 112
湖　北	599 388	38 518	62 398	11 266
湖　南	661 518	13 473	50 445	5 708
广　东	649 129		32 550	60 317
广　西	247 499		6 714	756 602
海　南	57 247		2 355	34 085
重　庆	184 840		8 160	4 244
四　川	312 072	319	18 390	11 511
贵　州	417 075		20 146	6 215
云　南	209 393		15 639	180 211
西　藏				
陕　西	405 959	1 454	10 659	2 943
甘　肃	356 903	1 233	9 905	9 165
青　海	35 174		22 101	1 581
宁　夏	153 056		3 906	8 239
新　疆	309 096	104 547	7 034	75 805

各地区农田草害发生、防治面积及损失情况（一）

地　区	发生面积（千公顷次）	防治面积（千公顷次）	挽回损失（吨）			
			粮　食	棉　花	油　料	其　他
全国总计	**97 473**	**105 766**	**22 195 492**	**307 749**	**1 145 041**	**1 879 413**
北　京	165	153	51 261		420	
天　津	368	418	60 102	7 007	20	
河　北	6 694	6 462	973 122	116 109	49 835	28 010
山　西	2 094	1 881	154 363	951	708	335
内蒙古	5 065	4 829	1 002 112		72 085	33 693
辽　宁	2 337	2 861	777 418		26 852	869
吉　林	3 353	4 762	2 022 895		10 130	8 791
黑龙江	8 020	10 019	2 295 818		4 093	20 647
上　海	135	253	139 945		3 323	2 586
江　苏	5 085	6 197	2 708 187	5 876	93 129	1 821
浙　江	1 757	2 343	513 981	403	24 165	69 597
安　徽	5 826	6 607	1 837 926	15 450	129 921	34 508
福　建	956	1 290	167 301		15 178	9 562
江　西	2 644	2 514	31 555	1 825	8 742	7 685
山　东	8 928	8 696	2 523 918	38 452	77 273	19 232
河　南	7 667	7 557	1 577 181	11 081	97 811	4 691
湖　北	4 231	5 125	926 872	34 401	189 881	8 797
湖　南	6 831	7 169	999 029	15 076	71 233	44 127
广　东	3 638	4 862	516 444		51 941	61 117
广　西	3 963	3 677	454 223		23 365	1 213 869
海　南	392	399	61 457		2 657	15 544
重　庆	1 138	940	124 760		14 766	2 855
四　川	4 079	4 249	577 682	295	81 960	23 773
贵　州	1 139	1 009	104 449		13 918	14 351
云　南	2 335	2 776	344 461		14 975	112 667
西　藏						
陕　西	2 685	2 696	267 122	719	10 775	8 744
甘　肃	2 112	1 964	200 236	3 484	8 687	11 718
青　海	334	379	38 993		14 387	3 241
宁　夏	796	687	338 770		5 725	3 906
新　疆	2 706	2 994	403 909	56 619	27 088	112 679

各地区农田草害发生、防治面积及损失情况（二）

地　　区	实际损失（吨）			
	粮　食	棉　花	油　料	其　他
全国总计	**3 163 978**	**38 001**	**194 375**	**258 000**
北　　京	7 397		55	
天　　津	7 512	855	3	
河　　北	141 706	5 799	5 106	3 382
山　　西	31 134	739	337	130
内 蒙 古	193 855		17 115	4 027
辽　　宁	166 903		6 026	769
吉　　林	180 559		921	577
黑 龙 江	254 200		1 727	1 251
上　　海	7 714		374	113
江　　苏	131 989	967	4 573	228
浙　　江	27 410	59	2 864	4 824
安　　徽	338 153	4 407	21 770	4 718
福　　建	15 682		1 607	2 038
江　　西	3 500	724	4 710	1 197
山　　东	495 812	6 432	14 571	2 360
河　　南	257 042	1 745	12 831	1 220
湖　　北	121 697	5 139	24 822	3 369
湖　　南	107 015	2 775	9 843	6 535
广　　东	80 713		10 705	17 571
广　　西	49 013		2 848	113 579
海　　南	6 930		658	2 965
重　　庆	39 869		3 900	1 162
四　　川	101 343	89	16 126	5 332
贵　　州	40 956		6 098	8 746
云　　南	72 785		3 206	20 149
西　　藏				
陕　　西	63 028	176	4 074	1 956
甘　　肃	48 368	307	2 586	3 832
青　　海	19 668		8 115	916
宁　　夏	57 782		2 196	1 755
新　　疆	94 242	7 789	4 608	43 298

各地区农田鼠害发生、防治面积及损失情况

地　区	发生面积（千公顷次）	防治面积（千公顷次）	挽回损失（吨）	实际损失（吨）
全国总计	**25 570**	**19 339**	**4 103 943**	**1 652 984**
北　京	184	202	17 507	4 993
天　津	120	80	22 400	7 500
河　北	1 150	553	100 396	26 913
山　西	507	344	68 487	19 326
内蒙古	834	320	42 194	21 076
辽　宁	873	668	186 917	79 235
吉　林	2 506	1 316	464 262	296 744
黑龙江	2 933	1 401	185 393	276 627
上　海	90	59	4 221	544
江　苏	572	399	40 301	12 697
浙　江	508	632	113 099	11 308
安　徽	607	418	107 547	25 686
福　建	316	298	67 379	13 099
江　西	1 747	608	169 832	94 806
山　东	743	729	188 241	68 396
河　南	230	214	21 316	8 934
湖　北	784	743	78 372	43 155
湖　南	1 892	1 928	274 799	36 462
广　东	1 484	1 729	489 568	126 877
广　西	1 402	1 281	524 715	103 774
海　南	182	155	82 528	64 740
重　庆	615	363	105 859	82 684
四　川	1 770	1 733	308 270	70 306
贵　州	479	416	90 562	47 254
云　南	762	1 150	162 882	30 163
西　藏				
陕　西	676	502	82 892	32 154
甘　肃	730	561	59 458	22 439
青　海	206	148	15 159	9 546
宁　夏	63	23	4 924	2 520
新　疆	605	364	24 462	13 024